● **Das kleine Gesundheits-Heil...**

● **Angela Gentner & Günter H...**

● 3. Auflage 2010
© 2009 Schirner Verlag, Da...
Alle Rechte der Verbreitung...
Kommunikationsmittel, fotomechanische oder vertonte Wiedergabe
sowie des auszugsweisen Nachdrucks vorbehalten

● **Umschlag & Satz:** ArtHohenberger, München
● **Redaktion – Schirner Verlag:** Katja Hiller
● **Herstellung:** FINIDR, Czech Republic

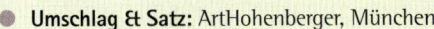

Wer sich mit den Steinen vertraut macht und mit ihnen arbeitet, wird feststellen, dass jeder Stein eine einzigartige Ausstrahlung hat.

lesen, fliegen, landen

Schirner
Verlag

● **ISBN 978-3-89767-397-7**

Impressum

- **Autoren**
  Angela Gentner, Günter Hohenberger

- **Gesamtleitung**
  Günter Hohenberger, München
  Richard Schmittschmitt, Bamberg

- **Redaktion**
  Angela Gentner, München
  redaktion@gesundheits-heilstein.de
  www.gesundheits-heilstein.de

- **Grafische Gestaltung**
  ArtHohenberger, München
  art@hohenberger.de

- **Fotografien/Illustrationen/Archiv**
  Günter Hohenberger
  Sascha Sawitzki

- **Verlag**
  Schirner Verlag
  www.schirner.com

Inhaltsverzeichnis

Begleitwort

■ **Herzlich willkommen in der Welt der Heilsteine.**

Mit unserem Taschenlexikon möchten wir Ihnen ein handliches, übersichtliches und mit allen wesentlichen Informationen versehenes Nachschlagewerk an die Hand geben.

Sie finden darin mehr als 250 Heil- und Edelsteine alphabetisch geordnet. Wir beschreiben, welche Steine gegen welche Beschwerden und Probleme auf körperlicher, geistiger und seelischer Ebene wirken und wie Sie ganz allgemein Ihr Wohlbefinden steigern können.

Zudem finden Sie bei jedem Heilstein das zugeordnete Chakra und den jeweiligen Geburtstags- oder Glücksstein; außerdem Mythologisches und Wissenswertes über jeden einzelnen Stein. Herausragende Eigenschaften mancher Steine sind gesondert gekennzeichnet.

In unserem Index finden Sie in alphabetischer Reihenfolge Krankheits- und Beschwerdebilder, nach denen Sie sich Ihren Heilstein aussuchen können.

Darüber hinaus lernen Sie die Synonyme und Handelsbezeichnungen der verschiedenen Heilsteine kennen.

Wir beschreiben, wie Sie den zu Ihnen passenden Heilstein finden, wie und wie oft Sie Ihre Heilsteine reinigen sollten und wie Sie Ihre Steine richtig anwenden, um deren Heilkräfte optimal zu entfalten.

Wir erläutern das Wesen der Chakren-Arbeit und die Bedeutung der Chakra-Zentralsteine. Unter der Rubrik »Monatssteine« haben wir die wichtigsten Heilsteine für die einzelnen Sternzeichen zusammengestellt.

In einer Kurzbiografie stellen wir Leben und Wirken der heiligen Hildegard von Bingen vor und nennen ihre bevorzugten Heilsteine. Wir wünschen Ihnen viel Freude und Erfolg mit diesem kleinen Heilsteinlexikon.

Angela Gentner

Die Bedeutung der Symbole:	
Die Chakra-Zentralsteine:	
Hildegard von Bingen:	
Giftiger Stein:	
Künstlicher Stein:	

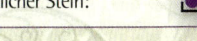

So finde ich

Möglichkeiten zur Wahl Ihres Glücks- oder Heilsteins
Lassen Sie sich Zeit, den für Sie richtigen Stein zu finden!

Wählen Sie den Stein nach dem Gesundheitsindex des Lexikons aus!

Die Auswahl nach Intuition
Viele Menschen erzählen, dass sie ihren Stein nicht ausgesucht haben, sondern dass der Stein sie gefunden hat. Es kann durchaus sein, dass Sie auf der Suche nach einem bestimmten Stein sind und plötzlich springt Ihnen ein ganz anderer Stein ins Auge, der sie fesselt und nicht mehr loslässt. Suchen Sie ruhig weiter und wenn Sie sich nicht entscheiden können, gehen Sie wieder. Wenn der Stein der richtige für Sie ist, wird er sie in Gedanken »verfolgen«, bis Sie ihn erwerben.

Auspendeln des passenden Steins
Wenn Sie sich zwischen mehreren Steinen nicht entscheiden können, legen Sie die zur Auswahl stehenden Heilsteine auf einen Tisch. Anschließend halten Sie das Pendel direkt über die ausgewählten Steine. Wählen Sie den Stein, bei dem das Pendel am stärksten ausschlägt. Trifft dieses auf mehrere Steine zu, entschließen Sie sich gegebenenfalls mehrere zu nehmen.
Sollten Sie die Steine nicht in natura vor sich haben, benutzen Sie eine Steinetafel.

Das Erfühlen der Energie Ihres Heilsteins zur Therapie
Jeder Stein sendet seine Energie durch feine Schwingungen aus. Diese kann man manchmal fühlen, vor allem, wenn Sie diesen Stein tatsächlich zu einer Therapie benötigen. Nehmen Sie den Stein fest in Ihre Hand, sodass er vollkommen umschlossen ist. Wenn es der richtige ist, werden sie schnell eine ausstrahlende Wärme spüren. So können Sie verschiedene Heilsteine ausprobieren. Der Therapieindex schlägt zu einer konkreten Beschwerde vermutlich verschiedene Steine vor. Sollten Sie bei mehreren Steinen eine Wärme verspüren, können Sie diese ergänzend nutzen. Unerwünschte Wechselwirkungen sind dabei nicht zu erwarten. Auch Ihren persönlichen Glückstein können Sie auf diese Art und Weise erfühlen.

Wo kaufe ich Heil- und Edelsteine?

Außer im Fachhandel werden Heil- und Edelsteine heute oft auch auf Jahrmärkten und bei den verschiedensten Esoterik-Veranstaltungen angeboten. Kaufen Sie dort, wo man sie gut berät und Sie sich wohlfühlen. Es sollte selbstverständlich sein, dass Sie die Steine anfassen dürfen. Sie sollten das Gefühl haben, dass der Verkäufer achtsam mit seinen Steinen umgeht. Sie sehen sie an der Präsentation und am Zustand der Steine. Scheuen Sie sich nicht Fragen zu stellen. Ein seriöser Verkäufer wird sie Ihnen in Ruhe beantworten. An den Antworten werden Sie auch erkennen, wie fachkundig der Verkäufer ist. Jeder Stein hat seine »Geschichte«, seine Mythologie, seine speziellen Eigenschaften, Zuordnungen und Verwendungszwecke.

Viele Steine auf dem Markt sind Fälschungen oder Imitate. Viele Steine sind aus Glas oder Kunststoffverbindungen, sind gepresst, gefärbt, aufpoliert und mit einer Lackschicht überzogen.

Besondere Vorsicht ist bei gefassten Schmucksteinen geboten. Hier handelt es sich oft um Dubletten (dünne Edelsteinschichten werden auf ein Trägermaterial aufgeklebt) oder Tripletten (dabei ist die eine sehr dünne Edelsteinschicht zusätzlich mit Quarz, Glas oder einer Kunststoffschicht überzogen).

Heil- und Edelsteine werden unterschiedlich bearbeitet angeboten

- Rohsteine sind in ihrer ursprünglichen Form belassen oder es wird nur eine Seite poliert.

- Trommelsteine, auch als Handschmeichler bekannt, gibt es in verschiedenen Größen. Sie werden in Schleiftrommeln rund poliert. Durch die glatte Oberfläche zeigen sich erst Farbe und Oberflächenbeschaffenheit eines Heilsteins.

- Gefasste Steine bieten die Möglichkeit, Heilsteine als Schmuck z. B. an Ketten oder Ringen zu tragen.

- Geschliffene Formen wie Kugeln, Pyramiden, Obelisken oder auch Tierformen eignen sich je nach Form zur Meditation, zur Raumgestaltung, zur Energetisierung, für Massagen und vieles mehr.

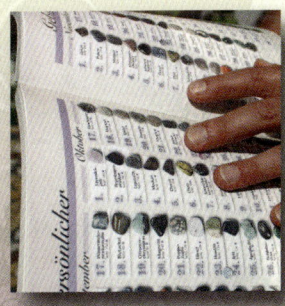

Heil– und Edelsteine

①

Achat - Aprikosenachat

■ 14. Mai   ■ 2.+3. Chakra

Wirkt gegen Gefäßverkalkungen; regt den Stoffwechsel und den Kreislauf an; - wirkt ausgleichend bei manischen Depressionen; fördert die Standfestigkeit und Selbstachtung

Der Achat soll nach seinem Fundort, dem Fluss »Achates« benannt sein. Andere Quellen leiten ihn vom griechischen Wort »agathes« für »das Gute« ab.

②

Achat - Augenachat

■ 8. Juni   ■ 5.+7. Chakra

Hilft bei Augenentzündungen und Netzhaut-reizungen; außerdem bei Herpes; - hilft ne-gative Emotionen zu bewältigen; stärkt das Erinnerungsvermögen

Der Achat soll nach seinem Fundort, dem Fluss »Achates« benannt sein. Andere Quellen leiten ihn vom griechischen Wort »agathes« für »das Gute« ab.

③

Achat - Baumachat

■ 2. September   ■ 4. Chakra

Fördert den Stoffwechsel; reguliert Hunger- und Sättigungsgefühl; wirkt gegen Arterien-verkalkung; - fördert die Ausgeglichenheit und die »Seelenruhe«

Der seltene Stein wurde in Indien als Heil- und Schutzstein verwendet und mit Rosen-quarz in Gebetsketten eingefasst. Er sollte die Begegnung mit den Göttern fördern.

④

Achat blau

■ 25. April   ■ 5. Chakra

Hilft Verletzungen der Haut, wie Schürf- und Brandwunden zu heilen; juckreizstillend bei Insektenstichen; - sensibilisiert seinen Träger für Mitmenschen

Der Achat soll nach seinem Fundort, dem Fluss »Achates« benannt sein. Andere Quellen leiten ihn vom griechischen Wort »agathes« für »das Gute« ab.

5

Schutzstein

Achat - Blutachat

🟥 18. September   🟪 2. Chakra

Lindert Hautausschläge, Akne, Nesselsucht und wirkt allgemein antiallergisch; - fördert den Wunsch nach sozialen Kontakten und stärkt den Gemeinschaftssinn

Der Achat soll nach seinem Fundort, dem Fluss »Achates« benannt sein. Andere Quellen leiten ihn vom griechischen Wort »agathes« für »das Gute« ab.

6

Achat - Botswana-Achat

🟥 26. Oktober   🟪 1. Chakra

Hilft bei Augenerkrankungen; regt die Darmtätigkeit an und lindert Magenbeschwerden; - gleicht Stimmungsschwankungen aus; gilt als Schwangerschafts-Schutzstein

Der Achat soll nach seinem Fundort, dem Fluss »Achates« benannt sein. Andere Quellen leiten ihn vom griechischen Wort »agathes« für »das Gute« ab.

7

Achat - Buntachat

🟥 4. September   🟪 3. Chakra

Stärkt Abwehrkräfte; bekämpft Ekzeme, Allergien und Hautausschläge (auch mit Juckreiz); - er soll den Sinn für eine kluge Lebensführung wecken.

Der Achat soll nach seinem Fundort, dem Fluss »Achates« benannt sein. Andere Quellen leiten ihn vom griechischen Wort »agathes« für »das Gute« ab.

8

Achat - Dendritenachat

🟥 10. Juni   🟪 3. Chakra

Aktiviert, belebt und regeneriert; fördert die Ausscheidung von Schlackestoffen; - hilft seelische und körperliche Berührungsängste abzubauen

Er wurde früher als »Stein der Zukunftsweisung« verehrt. Wegen seiner schwarzen Maserung haben ihn die Naturvölker als »Vermittler zwischen Himmel und Erde« betrachtet.

Heil- und Edelsteine

Achat - Feuerachat

■ 21. März ■ 1. Chakra

Er lindert Unterleibsschmerzen und Krämpfe
und wirkt regulierend bei Hormonschwan-
kungen; – er hilft Angstzustände abzubauen
und fördert die innere Ruhe.

Er erhielt seinen Namen wegen seiner auffäl-
ligen Farbe. Die Naturvölker schätzten ihn als
»Schutzstein gegen das Böse«. Er soll auch
die Leidenschaft für die Liebe wecken.

Achat - Friedensachat

■ 12. Mai ■ 7. Chakra

Wirkt regulierend bei Hormonstörungen
(auch bei hormonell bedingtem Haarausfall)
und stabilisiert das Immunsystem; – baut Aggressionen ab und beruhigt

Der Achat soll nach seinem Fundort, dem
Fluss »Achates« benannt sein. Andere Quellen
leiten ihn vom griechischen Wort »agathes«
für »das Gute« ab.

Achat grün

■ 26. November ■ 4. Chakra

Wirkt gegen Hämorrhoiden, Polypen, Fisteln;
wirkt schmerzlindernd und heilend bei Knie-
gelenkentzündungen durch Überbelastung; -
gut für die Nerven

Der Achat soll nach seinem Fundort, dem
Fluss »Achates« benannt sein. Andere Quellen
leiten ihn vom griechischen Wort »agathes«
für »das Gute« ab.

Achat - Moosachat

■ 22. Mai ■ 4. Chakra

Baut die Darmflora nach Durchfallerkrankun-
gen wieder auf; fördert das Haarwachstum;
wirkt gegen festsitzenden Husten; - hilft,
sich von traumatischen Erlebnissen zu
befreien

Nach arabischen Überlieferungen soll der
Moosachat seinem Besitzer helfen, zwischen
wahren und falschen Freunden unterscheiden
zu können.

13

14

Achat - Red Crazy-Lake-Achat

■ 28. Oktober   ■ 1. Chakra

Wirkt entgiftend über Blase und Nieren;
juckreizstillende und beruhigende Wirkung; -
hilft, unbestimmte Ängste und Gefühle der
Unsicherheit abzubauen

Der Achat soll nach seinem Fundort, dem
Fluss »Achates« benannt sein. Andere Quellen
leiten ihn vom griechischen Wort »agathes«
für »das Gute« ab.

Achat rot

■ 10. Mai   ■ 1.+2. Chakra

Wirkt antiseptisch bei infektiösen Entzündungen; lindert kolikartige Schmerzen durch
entkrampfende Wirkung; - wirkt ausgleichend bei depressiven Verstimmungen

Der Achat soll nach seinem Fundort, dem
Fluss »Achates« benannt sein. Andere Quellen
leiten ihn vom griechischen Wort »agathes«
für »das Gute« ab.

Schwangerschaftsstein

15

16

Achat - Schlangenachat

■ 29. Dezember   ■ 7. Chakra

Stärkt Gehör und Augen; regeneriert die
Haut und wirkt straffend auf das Gewebe;
löst Verschleimungen; - fördert die innere
Reife; Schwangerschafts-Schutzstein

Der Achat soll nach seinem Fundort, dem
Fluss »Achates« benannt sein. Andere Quellen
leiten ihn vom griechischen Wort »agathes«
für »das Gute« ab.

Achat - Sternachat

■ 5. Mai   ■ alle Chakren

Regt die Lebertätigkeit und die Verdauung
an; stärkt das Immunsystem und die Gehirn-
funktionen; - fördert nüchternes Denken und
die klaren Strukturen im Leben

Die Aborigines, die Ureinwohner Australiens
verwenden diesen Stein bis heute als Schutzstein gegen böse Geister und vor Seuchen. Er
soll zudem »unverwundbar« machen.

Heil– und Edelsteine

Schutzstein

17

18

Achat – Turitella-Achat

■ 14. September   ■ 1.+6. Chakra

Schmerzstillend bei Hautverletzungen und Brandwunden; beschleunigt Heilungsprozesse; – sensibilisiert im Umgang mit anderen; gilt als Schutzstein gegen das Böse

Der Achat soll nach seinem Fundort, dem Fluss »Achates« benannt sein. Andere Quellen leiten ihn vom griechischen Wort »agathes« für »das Gute« ab.

Achat – Wasserachat

■ 11. März   ■ 1.+3.+5. Chakra

Lindert Rückenschmerzen und migräneartige Kopfschmerzen; – vermittelt Kindern das Gefühl von Geborgenheit und Schutz; gibt Schwerkranken Hoffnung

Die Glücksgeoden füllen sich bei ihrer Entstehung mit Wasser (Urwasser). Sie gelten als klassische Schutzsteine für die Schwangerschaft. Der Stein mit dem eingeschlossenen Wasser symbolisiert die Fruchtblase in der Gebärmutter.

19

20

Aktinolith

■ 13. November   ■ 4. Chakra

Unterstützt die Ausscheidung von Giftstoffen; wirkt anregend auf Leber-, Lymph- und Nierentätigkeit; – fördert das Einfühlungsvermögen und die Geduld

Aktinolith aus dem Griechischen übersetzt bedeutet »Strahlstein«. Die Struktur des Aktinolith erinnert an die Meeresgöttin Thetis mit dem grünen Haar.

Alabaster

■ 23. Februar   ■ 1.–3. Chakra

Hilft bei Eierstock- und Prostatabeschwerden; gilt als infektionshemmend in der Schwangerschaft; – erhöht die Denkfähigkeit und fördert die Kreativität

Die Herkunft des Namens »Alabaster« ist nicht zweifelsfrei geklärt. Er könnte sich aus der ägyptischen Stadt »Alabastron« ableiten. Manche vermuten auch einen griechischen Ursprung. Dieser Stein verkörperte schon in der Antike ein weibliches Schönheitsideal.

21

Alexandrit

🟥 17. April   🟪 2.+4. Chakra

Wirkt regenerierend, entzündungshemmend und entgiftend; – stärkt das Selbstbewusstsein; hilft in Krisensituationen; fördert die Willensstärke; regt die Fantasie an

Seinen Namen verdankt der Stein Zar Alexander II. Entdeckt wurde er im Jahr 1833 in den Smaragdminen im Takojawa-Tal im Ural.

22

Alunit

🟥 8. Februar   🟪 5. Chakra

Hilft bei chronischen Entzündungen und Akne; lindert Menstruationsbeschwerden; – fördert das Wohlbefinden und löst Ängste und Schuldgefühle

Alunit oder Alaunstein leitet sich aus dem Lateinischen »alumen« für bitteres Tonerdesalz ab. Schon 450 v. Chr. benutzten ihn die Ägypter als Flammenschutzmittel. Die Römer nutzten ihn als Stein gegen Schweißgeruch.

23

Amazonit

🟥 7. Februar   🟪 3.-5. Chakra

Wirkt bei Magenerkrankungen entkrampfend und entspannend; lindert Menstruationsbeschwerden; - fördert Ausgeglichenheit, Lebensfreude und Frohsinn

Nach einer alten indianischen Überlieferung stammt der Stein aus Amazonien, dem Land »der Frauen ohne Männer«. Indianer sollen Alexander von Humboldt den Stein gezeigt haben.

24

Amethyst

🟥 7. März   🟪 7. Chakra

Wirkt schmerzlindernd bei Verspannungen und Schwellungen; hilft bei Hautkrankheiten und Atemwegserkrankungen; - fördert die Konzentration; wirkt beruhigend

Der Name leitet sich aus dem griechischen »amethein« ab und bedeutet »vor Trunkenheit behüten«. Schon in der Antike war er für seine ernüchternde, klärende Wirkung bekannt.

Heil- und Edelsteine

Ametrin

■ 10. Dezember ■ 1.+7. Chakra

Wirkt stabilisierend bei Herzschwäche; beruhigt bei nervösen Verdauungsbeschwerden; wirkt harmonisierend auf die inneren Organe; - hilft bei Antriebsschwäche

Der Ametrin wurde erst Ende des 20. Jahrhunderts entdeckt.

Ammonit

■ 19. Juli ■ 3. Chakra

Wirkt wohltuend bei Atemwegserkrankungen; hilft gegen Fettsucht; fördert die Entgiftung des Körpers; krampflösend; - hilft Ängste abzubauen und beruhigt

In erster Linie zählen Fossilien als Sammlerstücke. Als Heilsteine finden sie erst in neuerer Zeit Anwendung.

Andenopal blau

■ 27. Februar ■ 4.+5. Chakra

Lindert allergische Reaktionen; wirkt heilend auf die Bronchien und bei Heiserkeit; - gilt als ausgezeichneter Prüfungsstein; löst Denkblockaden

Die Indios in Südamerika bezeichneten ihn als »Stein der Hoffnung«. Sie sahen darin die Augen von Göttern.

Andenopal rosa

■ 15. November ■ 1.+2. Chakra

Lindert Entzündungen und Beschwerden im Verdauungssystem; regt den Stoffwechsel an; - vertreibt depressive Verstimmungen und Ängste: stützt bei Liebeskummer

Er gilt als der heilige Stein der Inkas und Azteken. In einigen Regionen Südamerikas wird er heute noch als Schutzstein verwendet.

Angelit

🟥 7. Juli   🟪 5.+6. Chakra

Hemmt die Infektionsanfälligkeit, lindert Halsentzündungen, hilft bei Ödemen; regt Nierenfunktion und Lymphtätigkeit an; – fördert den Gemeinschaftsgeist und die Harmonie

Der Angelit wird auch als Engelsstein bezeichnet (lat. Angelus = Engel). Er gilt als Symbol für Licht und Liebe.

Apachengold

🟥 31. Juli   🟪 3. Chakra

Wirkt vor allem auf das Verdauungssystem und fördert allgemein Heilungsprozesse; hilft bei Katarrhen, Hals- und Mandelentzündung; - hilft Stress zu bewältigen und stärkt das Gedächtnis.

Er wird auch als Pyrit bezeichnet, das im Griechischen »Feuer« bedeutet. Für die Indianer war er ein kostbarer Kultstein, von dem sie glaubten, dass er ihnen Kräfte verleiht.

Apachenträne

🟥 16. April   🟪 alle Chakren

Wirkt positiv auf Mundschleimhäute und Zahnfleisch; unterstützt die Durchblutung und die Wundheilung; - verbessert die Artikulationsfähigkeit; wirkt beruhigend nach Schockerlebnissen

Manche Indianerstämme glauben, dass am Fundort einer Apachenträne ein Indianer gestorben sei.

Apatit

🟥 19. Dezember   🟪 5. Chakra

Lindert bakterielle Infektionen; fördert die Regeneration und Neubildung der Zellen z.B. bei Sonnenbrand; - mindert Zukunftsängste; fördert den Antrieb und den Optimismus

Der Name Apatit leitet sich vom griechischen Wort »apate« ab, was Täuschung bedeutet, da er leicht mit anderen Steinen verwechselt wird. Bereits die Indianer Nordamerikas verwendeten ihn als Heilstein.

Heil- und Edelsteine

Apophyllit

■ 25. September ■ 4. Chakra

Fördert die Durchblutung; unterstützt die Gewichtsreduktion bei Fettsucht; stärkt das Immunsystem; - hilft Hemmungen abzubauen; stärkt das Selbstbewusstsein

Er wurde im 18. Jahrhundert so benannt. Die Bezeichnung bezieht sich auf die Eigenschaft des Steins »unter heißer Flamme zu zerblättern«.

Aqua-Aura

■ frei wählbar ■ 5.-7. Chakra

Stimuliert die Drüsentätigkeit und regt das Sexualleben an; - verbessert die geistige Leistungsfähigkeit; lindert depressive Verstimmungen

Ehemals als »elektrisch blauer Kristall« bezeichnet. Er galt als herausragender Stein, um sich angstfrei mit dem Sterben und dem Tod zu beschäftigen.

Aquamarin

■ 22. Januar ■ 5. Chakra

Hilft den Hormonhaushalt zu regulieren; stärkt die Sehkraft und allgemein das Immunsystem; – Fördert das Leistungsvermögen und die Zielstrebigkeit

Die Araber verehrten diesen Stein als »Quelle der Freude«. Die Griechen erkoren ihn zum Schutzstein des Neptun.

Aragonit

■ 10. Januar ■ 1.+2. Chakra

Hilft bei Gelenkrheuma; fördert die Verdauung; - baut innere Spannungen ab; wirkt harmonisierend auf die Psyche und fördert so das allgemeine Wohlbefinden

Der Aragonit erhielt seinen Namen nach seinem Fundort, in Spanien am »Rio Aragon«.

Astrophyllit

■ 8. November　　　　■ 3. Chakra

Unterstützt das Verdauungssystem; – fördert Geistesblitze, Handlungsimpulse und die Konzentration auf Wesentliches; stärkt das Durchhaltevermögen. **Nicht geeignet für Schwangere!**

Sein Name leitet sich aus »astro«, der Stern und »phyllon« das Blatt ab. Er bezieht sich auf die sternförmigen Verwachsungen der Kristalle.

Atlantisstein (Larimar)

■ 16. August　　　　■ 5. Chakra

Bringt Linderung bei allergischen Atembeschwerden; festigt die Knochensubstanz; – nach psychischen Belastungen gibt er die innere Ruhe zurück

Manche sehen ihn als Stein der »versunkenen Stadt« Atlantis. Der Stein ist auch als »Larimar« bekannt.

Auripigment

■ 11. Dezember　　　　■ 2.+3. Chakra

Lindert Ekzeme und Akne und trägt zur allgemeinen Wundheilung bei; – fördert Ehrgeiz und Fleiß und wird deshalb vor Prüfungsarbeiten eingesetzt

Auripigment wurde lange Zeit für die Herstellung von intensiver gelber Farbe genutzt. Viele Wandmalereien in Pompeji enthalten Farbpigmente dieses Steins.

Aventurin

■ 22. Juli　　　　■ 2.+4. Chakra

Stärkt das Herz und lindert stressbedingte Herzbeschwerden; wirkt ausgleichend auf das Nervensystem; – fördert die Selbstentfaltung, hilft bei Angstzuständen und beruhigt

Die Chinesen und Inder schrieben dem Aventurin mit seinen lebhaften, schimmernden Farben potenzfördernde Wirkung zu.

Heil- und Edelsteine

41

Aventurin blau

■ 26. Juni   ■ 5.+6. Chakra

Er hilft bei Ausschlägen und Allergien; wirkt gegen Hautunreinheiten; - lindert Angstzustände und hilft Spannungen abzubauen.

Die Griechen sagten ihm nach, dass der Stein wahre von falschen Freunden zu unterscheiden wisse. Außerdem sollte er seinem Besitzer Mut verleihen.

42

Aventurin-Sonnenstein

■ 8. Dezember   ■ 3. Chakra

Hilft bei Entzündungen an Darmwänden, Verdauungsproblemen, Blähungen, Durchfall; - wirkt besänftigend bei Jähzorn und Wutausbrüchen; melancholischen Menschen verhilft er zu mehr Lebensfreude.

Auch der Aventurin-Sonnenstein mit seiner kräftigen Farbe gilt in China und Indien als potenzfördernd.

43

Prüfungsstein

Azurit

■ 6. Februar   ■ 6. Chakra

Wirkt stabilisierend bei Kreislaufschwankungen; - fördert die Konzentrationsfähigkeit und hilft Blockaden zu lösen; macht selbstkritisch; gilt als guter Prüfungsstein

Die Bezeichnung »Azurit« kommt aus dem Persischen und bedeutet »blaue Farbe«. Bereits Griechen und Römer benutzten ihn gemahlen als Medizin und als Farbpulver.

44

Azurit-Malachit

■ 7. Januar   ■ 4.+6. Chakra

Lindert Schmerzen bei Gallen- und Nierensteinen; - hilft, Verstand und Gefühl in Einklang zu bringen; weckt Intuition und fördert Empathie

Naturvölker hielten den Stein für einen Schutzstein unserer Erde, für den Beschützer von Natur, Mensch und Tier.

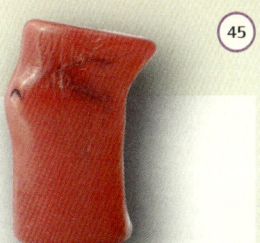

Schutzstein

Bambuskoralle

■ 21. Januar　　　　■ 1.+4. Chakra

Schmerzlindernd bei Magenerkrankungen und Menstruationsbeschwerden; hilft dem Kleinkind beim Zahnen; - vermittelt Ruhe, Zufriedenheit und Harmonie

In einigen Überlieferung wird diese Korallenart als magischer Schutzstein im alten Ägypten erwähnt und häufig als Grabbeigabe genannt, um die Toten ihren Frieden finden zu lassen.

Baryt

■ 12. Juli　　　　■ alle Chakren

Hilft bei eitrigen, juckenden Hautentzündungen, bei Schuppenflechte, Verbrennungen, Sonnenbrand und bei Halsentzündungen; - gilt als Schutzschirm gegen belastende Strahlungen

Der ursprüngliche Name Schwerspat leitet sich aus dem Griechischen »barys« für »schwer« ab. Er gilt als Schutzstein gegen Strahlungen aller Art.

Glücksstein

Baumquarz

■ 22. Dezember　　　　■ 1.+3. Chakra

Wirkt gegen Gefäßverengungen; stärkt das Herz-Kreislauf- und das Nervensystem; reguliert Drüsenfunktion; - stärkt die Willenskraft und das Selbstbewusstsein

Die ersten Überlieferungen über Heilanwendungen stammen von den Ureinwohnern Madagaskars.

Belemnit

■ 1. September　　　　■ 1. Chakra

Fördert die Durchblutung; wirkt schmerzlindernd bei Nierenerkrankungen, hilft, die Darmtätigkeit zu regulieren; - schützt vor Selbstbetrug und verleiht Zuversicht

Die länglichen Formen gaben den Belemniten-Fossilien ihren Namen (griech. »Blitz oder Geschoss«). In alten Kulturen wurden sie als Amulett um den Hals getragen oder als Pulver zu Heilzwecken verwendet.

Heil– und Edelsteine

Energiestein

Bergkristall

■ 23. Juli ■ 7. Chakra

Hilft bei Kopf- und Gliederschmerzen; wirkt allgemein stabilisierend; - löst Energieblocka-den, schenkt Ruhe; gilt als einer der stärksten Energiesteine

Die Indianer legten Kristalle als Schutz für ihre Neugeborenen in die Wiege. Buddhisten nutzen ihn während der Meditation als Hilfe zur Erleuchtung.

Bernstein

■ 9. Juni ■ 3. Chakra

Lindert Schmerzen bei rheumatischen Erkran-kungen; wirkt fiebersenkend; unterstützt die Wundheilung; gilt als Stein für zahnende Kinder; - fördert den Optimismus und die Lebensfreude

Der Name entstammt dem Niederdeutschen »bernen« für brennen, da Bernstein brennbar ist. Schon die Araber trugen Bernstein als Amu-lett, um sich vor bösen Geistern zu schützen.

Schutzstein

Beryll

■ 19. November ■ 4. Chakra

Soll die Sehkraft stärken; hemmt Darment-zündungen und wirkt entgiftend; - hilft gegen Heimweh; gilt als guter Schutzstein, den man bei sich trägt

Das lateinische Wort »beryllus« diente im Mittelalter als Oberbegriff für alle Kristalle. Daraus entstand das Wort »Brille«, da man aus Kristallen die ersten Linsen schliff.

Biotit

■ 22. November ■ alle Chakren

Wirkt entschlackend und reguliert Stuhlgang; gegen Arterienverkalkung; regt den Stoff-wechsel an und löst Verkrampfungen; - wirkt stimmungsaufhellend und fördert den gesun-den Schlaf

Biotit wurde nach dem französischen Physi-ker Biot benannt und gilt als Mischkristall.

Blaufluss

■ 17. März   ■ 2.+6. Chakra

Stärkt das Abwehrsystem; unterstützt die Heilung bei Magen-Darm-Ekrankungen; - stärkt die Nerven; beugt Selbstmitleid vor; fördert die Eigenakzeptanz

Der Blaufluss wurde vermutlich im Venedig des 17. Jahrhunderts von der Familie Miotto gefunden. Andere Quellen schreiben den Fund einem Mönchsorden zu.

Blue Moon

■ 30. April   ■ 7. Chakra

Lindert Magenbeschwerden und hilft bei krampfartigen Kopfschmerzen; stärkt Herz-Kreislaufsystem; - fördert einen gesunden und erholsamen Schlaf und trägt dazu bei Albträume zu verhindern

Nach alten Überlieferungen entstand der Blue Moon, als ein Meteor auf die Erde stürzte.

Boji-Stones

■ frei wählbar   ■ alle Chakren

Regen die Zellregeneration der Haut an und bewirken dadurch eine »Verjüngungskur«; sie fördern den Energiefluss und stärken das zentrale Nervensystem.

Der Name entstammt vermutlich den esoterischen Kreisen in den USA. Er soll bei einer medialen Sitzung entstanden sein. Andere leiten die Bezeichnung des Steins von einem Teilnehmer ab.

Boulderopal

■ 25. Februar   ■ 3.+7. Chakra

Wirkt stabilisierend auf das Herz; gilt als Stein, der allgemein kräftigt und belebt; - fördert die Konzentration und weckt das musische Interesse

In Griechenland wurde der Opal »opallios« genannt, in Rom »opalus«. Er galt damals in erster Linie als Schmuckstein. Als Heilstein fand er erst später Verwendung.

Heil- und Edelsteine

Fruchtbarkeitsstein

Brasilianit

■ 19. Februar   ■ 4. Chakra

Lindert Menstruationsbeschwerden; hilft bei Schlaflosigkeit; - er hilft Ängste abzubauen, wirkt Albträumen entgegen und fördert das innere Gleichgewicht.

Der Brasilianit wurde erst 1945 entdeckt. Er wurde nach seinem Fundland »Brasilien« benannt.

Brekzienjaspis

■ 16. Oktober   ■ 3. Chakra

Blutstillende und abschwellende Wirkung; fördert das gesunde Wachstum von Finger-nägeln und Haaren; - hilft psychische Über-sensibilität abzubauen

Von den Indianern Nordamerikas wurde der Brekzienjaspis als Fruchtbarkeitsstein verehrt und als Stein für »ewige Liebe und Treue«.

Schwangerschaftsstein

Bronzit

■ 25. Juli   ■ 3. Chakra

Wirkt gegen Ausschläge, Austrocknung und Alterserscheinungen der Haut; krampflösend; allgemein schmerzlindernd; - fördert die Klarheit und die Struktur im Leben

Der Stein wurde im 18. Jahrhundert nach seinem bronzefarbenen Aussehen benannt.

Buntkupfer

■ 22. Juli   ■ 1.+4. Chakra

Fördert die Sexualhormonproduktion bei Mann und Frau; wirkt regulierend auf die Menstruation; beugt Krampfadern vor; - gilt als guter Schwangerschafts-Schutzstein

Seit 1845 ist der Buntkupfer auch als Bornit bekannt. Da der Stein an der Luft schnell An-lauffarben bildet, nannten ihn die Bergleute »Buntkupfer«.

61

Bustamit

■ 4. Oktober ■ 1. Chakra

Hilft bei Kreislaufproblemen; stärkt die Muskulatur, fördert die Beweglichkeit und die sensorische Motorik; - fördert die innere Stärke und Widerstandkraft; fördert Träume und hilft bei der Meditation; gilt als New Age-Stein.

Der Bustamit wurde nach dem mexikanischen General Anastasio Bustamente (1780–1853) benannt. Er ist ein eher seltener Stein.

62

Calcit blau

■ 3. Juli ■ 5.+6. Chakra

Lindert Zahnschmerzen, Kopfschmerzen und Mandelentzündungen; - fördert den Optimismus; bei Kindern soll er die geistige Entwicklung beschleunigen.

In alten mittelamerikanischen Kulturen glaubte man, dass der Stein böse Geister fernhalte und vor Blitzeinschlägen und Bränden schütze.

63

Calcit grün

■ 31. Dezember ■ 4. Chakra

Regt die Blutbildung an; entzündungshemmend; kräftigt die Muskulatur; hemmt Schweißausbrüche; - stärkt das Gedächtnis und wirkt allgemein beruhigend

Die Ureinwohner Mexikos glaubten, dass der Stein nach langer Hitze vom Himmel fallen würde, um die Erde wieder abzukühlen. Im täglichen Leben sollte er auch böse Geister abwenden.

64

Calcit – Citrinocalcit

■ 6. März ■ 3. Chakra

Fördert das Wachstum; wirkt stabilisierend auf Herz- und Kreislaufsystem; kräftigt Knochen und strafft Gewebe; - fördert die geistige Entwicklung bei Kindern

Der Name bedeutet »kleiner Stein«. Er ist Speicherstein für Erdöl und Erdgas und ein bedeutender Rohstoff für die Bauindustrie.

Heil- und Edelsteine

Calcit – Honigcalcit

■ 18. Juni   ■ 2.+3. Chakra

Kräftigt das Bindegewebe; festigt Knochenbau und Zähne; unterstützt Ausscheidung
von Giftstoffen; - hilft bei depressiven Verstimmungen und Melancholie

Der Honigcalcit war bereits für die Ureinwoh-
ner Mexikos ein bedeutender Stein, der die
Kräfte der Sonne in sich trug und vor bösen
Geistern schützen sollte.

Calcit – Islandspat (Doppelspat)

■ 6. Juli   ■ 4.+6. Chakra

Stärkt die Wirbelsäule; lindert Hautflechten;
kräftigt Finger- und Fußnägel; festigt den
Zahnschmelz; - fördert den Optimismus und
das Selbstbewusstsein

Im 8. Jahrhundert brachten die Wikinger diesen Heilstein aus Island auf das europäische
Festland. Sie verehrten ihn als Glücksstein,
der Freundschaft und Frieden festigen sollte.

Calcit – Manganocalcit

■ 2. Juli   ■ 4. Chakra

Strafft Bindegewebe und Haut; fördert die
Verdauung und regt den Stoffwechsel an;
beschleunigt die Heilung von Knochenbrüchen; - fördert Toleranz und Akzeptanz

Wegen seines hohen Kalkanteils wurde er
früher zur Herstellung von Heilsalben bei
schwer heilenden Wunden genutzt.

Calcit – Orangencalcit

■ 18. August   ■ 2.+3. Chakra

Wirkt stärkend und festigend auf Knochen
und Bindegewebe; wirkt kühlend bei entzündlichen Beschwerden; - schafft Klarheit
und fördert das innere Gleichgewicht

Die Urvölker Mexikos bezeichneten den
Orangencalcit als »brennenden Stein«.

(69)

Carneol

■ 1. April　　　　■ 2. Chakra

Blutreinigende und die Durchblutung fördernde Wirkung; wirkt stärkend auf die Herzmuskulatur; - fördert Mut und Tagkraft in schwierigen Lebensphasen

Die Indianer dachten, dass dieser Stein, der wie Feuer leuchten kann, lichtempfindliche Geister vertreiben kann. Früher war dieser Stein auch als »oranger Sarder« bekannt.

(70)

Chalcedon

■ 4. Juni　　　　■ 5. Chakra

Wirkt gegen trockenen Husten und Bronchialerkrankungen; wirkt allgemein gegen grippale Infekte; - hilft gegen Lampenfieber und baut Hemmungen ab.

Auch als »Milchstein« bekannt. Der Name Chalcedon leitet sich vermutlich von der antiken Stadt »Kalchedon« ab. Seinen jetzigen Namen erhielt er im 13. Jahrhundert von Albertus Magnus.

(71)

Charoit

■ 23. November　　　　■ 6.+7. Chakra

Hilft Krämpfe lösen und lindert starke Schmerzen; regt den Stoffwechsel an und stärkt das Immunsystem; - fördert die Entschlossenheit und die Tatkraft

Vermutlich erhielt der Charoit seinen Namen nach dem sibirischen Fluss »Chara«. Andere Quellen leiten ihn vom russischen Wort »Chary« ab, das »bezaubernd« bedeutet.

(72)

Chiastolith

■ 25. Dezember　　　　■ 1.+3. Chakra

Wirkt schmerzstillend bei Gicht oder Rheumaschüben; stärkt bei Schwäche und Erschöpfungszuständen; - hilft, bei Stress Prioritäten zu erkennen

Den Stein zeichnet ein ausgeprägtes Kreuz aus, das an ein »Keltisches Kreuz« erinnert. Er wird leicht mit dem »Staurolith« verwechselt.

Heil- und Edelsteine

73

Chrysanthemenstein

■ 29. September   ■ 4. Chakra

Er wirkt beruhigend auf das zentrale Nervensystem; - hilft unangenehme Situationen besser zu verarbeiten; beruhigt und fördert einen gesunden Schlaf

Der Stein erhielt seinen Namen aufgrund der grünen Einschlüsse. Er wird auch unter dem Handelsnamen »Porphyrit« verkauft.

74

Chrysoberyll

■ 27. Juli   ■ 4. Chakra

Wirkt schmerzlindernd bei Bindehautentzündungen; unterstützt die Entgiftung der Leber; wirkt entzündungshemmend; - stärkt Eigendisziplin und die Selbstbeherrschung

Er gehört zu den ca. 20 Edelsteinen, die schon der römische Schriftsteller Plinius erwähnte. Da er sehr selten ist, wird er nur wenig als Heilstein verwendet.

75

Chrysokoll

■ 24. Juli   ■ 4.+5. Chakra

Lindert Schmerzen bei Schnitt- und Brandwunden; entkrampft und beruhigt den Magen; fördert die Durchblutung; - verhilft zu innerer Ausgeglichenheit

Der Name leitet sich aus dem Griechischen »chrysos« für Gold und »kolla« für Leim ab. Früher wurde aus ihm ein Bindemittel für die Goldschmiede hergestellt.

76

Chrysopras

■ 1. März   ■ 4. Chakra

Fördert Entgiftung und Entschlackung; beugt Hauterkrankungen und Pilzinfektionen vor; - er hilft, negative Erinnerungen und Albträume besser zu verarbeiten.

In alten Schriften findet man oft noch den Namen »Goldlauch«, der sich aus der griechischen Übersetzung ergibt. Er soll der Lieblingsstein von Friedrich 1. Barbarossa gewesen sein.

Chyta

■ 6. Oktober   ■ 3.+4. Chakra

Entkrampfend und schmerzlindernd bei
Gallen-, Nieren-, Magen- und Darmerkrankungen; - stärkt die Intuition; fördert
den Optimismus und die Lebensfreude

Der Stein ist auch als »Antigorit« bekannt,
benannt nach dem »Antigoria-Tal« im italienischen Piemont. In Asien wird er wegen seiner Farbe auch als »neuer Jade« gehandelt.

Citrin

■ 5. Juni   ■ 3. Chakra

Regt die Verdauung und den Stoffwechsel
an; stärkt das Immunsystem; wirkt positiv
auf die Bauchspeicheldrüse; - fördert die
Eigendynamik und die Aktivität

Von europäischen Frühkulturen wurde er als
»Sonnenstein« verehrt. Römische Legionäre
führten ihn als Glücksbringer während ihrer
Feldzüge mit.

Citronenchrysopras

■ 19. September   ■ 3. Chakra

Stärkt das Herz; fördert die Entgiftung und
die Entschlackung; fördert die Fruchtbarkeit,
wenn Ursache in einer Infektion begründet
liegt; - stärkt das Selbstbewusstsein

Der Name Chrysopras leitet sich aus dem
Griechischen »chrysos« für Gold und »prason«
für Lauch ab und der Stein war früher auch
unter »Goldlauch« bekannt.

Coelestin

■ 10. September   ■ 3.+5.+6. Chakra

Fördert die Wundheilung; lindert Verspannungen und Kopfschmerzen; entkrampft bei
Menstruationsbeschwerden; - löst Beklem-
mungen, fördert die Kreativität

Der Name leitet sich aus dem Griechischen
»coelestis« ab, das »himmlisch« bedeutet. Die
Bezeichnung bezieht sich auf seine hellblaue
bis weißliche Farbe.

Heil- und Edelsteine

81

Copal

🟥 7. Juni   🟪 3. Chakra

Wirkt entgiftend auf die Leber und entkrampfend und heilend bei Magenbeschwerden; - anregende Wirkung; fördert die Kreativität und die spirituellen Kräfte

Bei schamanischen Ritualen wird er geräuchert, wodurch er einen süßlich, blumigen Duft verströmt. Er soll den Geist öffnen und den Menschen mental reinigen.

82

Covellin

🟥 30. November   🟪 6. Chakra

Fördert die sexuelle Aktivität; dynamisiert den Körper; - hilft, unter Leistungsdruck besser zu bestehen; verhilft zu größerer Eigenakzeptanz; verbessert das Körpergefühl

Der Stein ist auch unter dem Namen »blaues Kupferglas« und »Schwefelkupfer« bekannt. Anfang des 19. Jahrunderts wurde er nach dem italienischen Mineralogen Covelli benannt.

83

Curbeen

🟥 21. Juni   🟪 3. Chakra

Wirkt stärkend auf die Bauchmuskulatur, unterstützt die Verdauung und fördert die Entgiftung der Leber; - stärkt die Gedächtnisleistung und das Selbstvertrauen

Der Curbeen ist eine der Neuentdeckungen der letzten Jahre. Als Schmuckstein wird er wegen seiner Empfindlichkeit nicht verwendet. Er erlangte jedoch schnell eine Bedeutung als Heilstein.

84

Cyanit

🟥 6. November   🟪 5.+7. Chakra

Wirkt wohltuend bei Augen- und Ohrenerkrankungen; Cyanit verbessert den Geruchs- und den Geschmacksinn; - stärkt die Konzentrationsfähigkeit und die Selbstkontrolle

Der Name leitet sich aus dem Griechischen »kyanos« ab, das »Blau« bedeutet. Früher galt er als Schutzstein für Seefahrer.

Dalmatinerstein

■ 24. Juli   ■ 1. Chakra

Wirkt auf den Verdauungstrakt und regulierend auf Säure-Base-Haushalt; - verhilft dazu Ideen, die in uns schlummern, in die Tat umzusetzen

Er wird schon seit Jahrtausenden als Schmuck- und Heilstein eingesetzt. Im alten Mexiko galt er als »Stein der Weisheit«, der die Weisheit der Götter auf die Priesterschaft übertragen sollte.

Danburit

■ 8. März   ■ 4. Chakra

Stärkt Herz-Kreislauf-System und kann Tinnitus-Beschwerden lindern; fördert die Verdauung; - erhöht das Einfühlungsvermögen und das Verständnis für Mitmenschen

Der Stein wurde erstmals 1839 in Danbury, im US-Bundesstaat Connecticut entdeckt. Er wurde zunächst hauptsächlich als Schmuckstein verwendet, findet aber immer mehr als Heilstein Anklang.

Dendritenquarz

■ 11. August   ■ 3. Chakra

Stärkt Muskulatur und Bindegewebe; wirkt regulierend auf den Stuhlgang; hilft bei Sodbrennen; - fördert die Gelassenheit und den gesunden Schlaf, besonders bei Kindern

Die Ureinwohner Brasiliens verehrten den Stein als »Kraftquelle« und Glücksstein für die Jagd. Mit rituellen Tänzen versuchten sie, die Kraft des Steins zu erflehen.

Diamant

■ 19. August   ■ alle Chakren

Wirkt reinigend und kann helfen bei Bandscheibenproblemen und akuten Rückenschmerzen; wirkt schmerzlindernd; - verhilft zu mehr Toleranz und stärkt die Willenskraft

Diamant leitet sich aus dem Griechischen »adamas« ab und bedeutet »der Unbezwingbare«. Er ist der härteste Stein und einer der bekanntesten Edelsteine.

Heil- und Edelsteine

Dichroit

■ 9. Dezember   ■ 5.-7. Chakra

Wirkt blutreinigend und entzündungshemmend bei Harnwegsinfekten; - dämpft
Aggressionen; stabilisiert das innere Gleichgewicht; wirkt stimmungsaufhellend

In der Antike war er auch als »Iolith« oder
»Wassersaphir« bekannt. Der französische
Mineraloge Cordier gab dem Stein den
Namen Dichroit, »der Doppelfarbige«.

Diopsid

■ 16. September   ■ 1.+4. Chakra

Unterstützt die Heilung bei Blasen- und Nierenerkrankungen; wirkt Parodontose entgegen; - hilft, belastende Kindheitserin-
nerungen besser zu verarbeiten

Der Name weist darauf hin, dass Diopsid-
Kristalle häufig als Zwillinge auftreten. Die
alten Griechen dachten, dass sie als fun-
kelnde Sterne vom Himmel fallen und
anschließend versteinern.

Dioptas

■ 29. November   ■ 4. Chakra

Lindert Atemwegserkrankungen der oberen
Luftwege; wirkt blutreinigend; ihm wird eine
potenzfördernde Wirkung nachgesagt; -
weckt die Kreativität und die Fantasie

Die Bezeichnung »Dioptas« leitet sich aus
dem Griechischen »diopetia« ab, das »der
Durchsichtige« bedeutet.

Dolomit

■ 28. April   ■ 7. Chakra

Fördert den Aufbau der Magenschleimhaut
bei Pilzinfektionen; stärkt die Herzmuskulatur; - hilft Stimmungsschwankungen
auszugleichen und dämpft Aggressionen

Ende des 18. Jahrhunderts wurde der Dolomit als eigenständiges Mineral erkannt und
nach dem französischen Mineralogen Déodat
de Dolomieu benannt. Vorher war er auch als
»Bitterspat« bekannt.

Dumortierit

■ 23. August   ■ 5.+7. Chakra

Wirkt fiebersenkend; entspannt und entkrampft bei Kopfschmerzen und Neuralgien;
fördert die Entwässerung bei Ödembildung; -
wirkt entspannend und beruhigt

Die afrikanischen Ureinwohner glaubten, dass
es sich bei dem Stein um versteinertes Wasser
handeln würde, weil man ihn meist in der
Nähe von Wasserfällen fand.

Eisenmeteorit

■ 19. April   ■ 3.+6.+7. Chakra

Hilft bei Muskelverspannungen und Verkrampfungen; fördert die Fruchtbarkeit; - er
soll dem Menschen helfen, seine Mitte zu
finden.

Meteoriten galten seit jeher als Glücksboten
oder als Vorboten drohender Katastrophen.
Das darin enthaltene Eisen wurde schon von
den Ägyptern z.B. für Messerklingen verarbeitet.

Stein der Magie

Eldarit

■ 27. Juli   ■ 3. Chakra

Wirkt gegen Akne und Hautunreinheiten,
fördert die Durchblutung; - hilft, sich seinen
Ängsten zu stellen; wehrt negative Fremdein-
flüsse ab; gilt als Schutzstein und Talisman.

Auch bekannt unter dem Namen »Nebula-
Stein« oder »Kambaba-Jaspis«. Die Steine
kommen aus Mexiko oder Madagaskar und
unterscheiden sich farblich voneinander. Der
Eldarit gilt als Stein der Magie.

Epidot

■ 12. November   ■ 4. Chakra

Stärkt das Immunsystem und beschleunigt
die Erholung nach einen langen Krankheit; -
wirkt regenerierend auf Körper, Geist und
Seele

Epidot leitet sich aus dem Griechischen ab
und bedeutet soviel wie »Zugabe«. 1801
wurde er als eigenständiges Mineral erkannt
und klassifiziert.

Heil- und Edelsteine

Glücksstein

Erdbeerquarz

■ 9. August   ■ 4. Chakra

Löst Herzbeklemmungen, stabilisiert das Herz-Kreislauf-System; stärkt das Immunsystem; - gilt als »Realitätsstein«, der den Blick für das Wesentliche schärft

Der Erdbeerquarz ist in Europa noch relativ unbekannt. In den USA ist er aber schon seit längerer Zeit als Schmuck- und Heilstein in Gebrauch.

Falkenauge

■ 12. Februar   ■ 6. Chakra

Lindert Atemwegserkrankungen; wirkt wohltuend und schmerzstillend bei Augenentzündungen; entspannt bei Kopfschmerzen und Migräne; - lindert Nervosität

Eine arabische Legende besagt, dass das Falkenauge den Verstand seines Besitzers schärfen soll. Hierzulande wurde der Stein erstmals 1883 erwähnt.

Feueropal

■ 6. Dezember   ■ 1.+3. Chakra

Beugt Schwächeanfällen und Schwindel vor; hemmt Entzündungen und fördert die Entgiftung; - er verleiht Spontaneität und steigert die Lebensfreude

Seinen Namen verdankt er dem altindischen Wort »upala«, das »Edelstein« bedeutet. Er gilt als Symbol für innige Liebe.

Flint

■ 7. November   ■ 1.+2.+6. Chakra

Fördert die Entgiftung über Blase und Darm; regeneriert die Haut und wirkt Hornhautbildung entgegen; - wirkt ausgleichend und fördert die Kommunikation

Flint wurde schon in Urzeiten als »Feuerstein« benutzt. Der Stein wurde auch als Pfeilspitze für die Jagd verwendet.

(101)

Fluorit blau

■ 23. Januar   ■ 6. Chakra

Lindert bei Erkältungskrankheiten Husten, Fieber, Nebenhöhlenkatarrh und Heiserkeit; - fördert den Gerechtigkeitssinn; beruhigt und hilft über Enttäuschungen hinweg

Er gilt als Stein der Zuversicht, des Glücks und der Liebe. Als Schmuck- und Edelsteine sind vor allem die aus China stammenden Fluorite begehrt.

guter Lernstein

(102)

Fluorit braun

■ 30. Januar   ■ 1. Chakra

Wirkt gegen Heuschnupfen und Nesselfieber; lindert Beklemmungsgefühle bei Atembeschwerden; - fördert die schnelle Auffassungsgabe; gilt als guter Lernstein

Der Stein wurde im 18. Jahrhundert als »Flussspat« bezeichnet. In China ist der Fluorit ein beliebter Schmuck- und Heilstein.

(103)

Fluorit farblos

■ 3. März   ■ 4. Chakra

Wohltuend für Haut und Atemwege; stärkt Nerven und Gehirn; - bringt Klarheit und Ordnung; löst Verstrickungen auf und fördert die emotionale Stabilität

Fluorit leitet sich aus der latinisierten Form seines Synonyms »Flussspat« ab (lat. fluere = fließen). Er gilt als Stein des Lernens, der Klarheit und der Zuversicht.

(104)

Fluorit gelb

■ 19. März   ■ 3. Chakra

Hilft bei Magenbeschwerden und allgemein bei Essstörungen; stärkt die Knochen und die Gelenke; - fördert die Konzentration beim Lernen und gibt Zuversicht im Leben

Fluorit leitet sich aus der latinisierten Form seines Synonyms »Flussspat« ab (lat. fluere = fließen). Er gilt als Stein des Lernens, der Klarheit und der Zuversicht.

Heil- und Edelsteine

(105)

Fluorit grün

■ 29. Februar ■ 4. Chakra

Hilft bei Rheuma, Gicht und Hautekzemen; fördert die Entgiftung des Körpers; - verbessert die Auffassungsgabe und die Bewusstheit und schenkt Kreativität

Fluorit leitet sich aus der latinisierten Form seines Synonyms »Flussspat« ab (lat. fluere = fließen). Er gilt als Stein des Lernens, der Klarheit und der Zuversicht.

Prüfungsstein

(106)

Fluorit – Regenbogenfluorit

■ 24. Oktober ■ 3.+6. Chakra

Wirkt reinigend und entschlackend; gegen Ablagerungen in den Gefäßen; stärkt Knochen und Skelett; - fördert die Konzentration; gilt als guter Prüfungsstein

In China hat man diesen Stein als Glücksstein verehrt. Er gilt als Stein der Zuversicht, der Liebe und des Glücks.

(107)

Fluorit violett

■ 22. Februar ■ 6. Chakra

Hilft bei eiternden Wunden und Hautekzemen; - fördert die Konzentrationsfähigkeit und die Gedächtnisleistung; verleiht innere Stabilität und stärkt so das Selbstwertgefühl

Fluorit leitet sich aus der latinisierten Form seines Synonyms »Flussspat« ab (lat. fluere = fließen). Er gilt als Stein des Lernens, der Klarheit und der Zuversicht.

(108)

Fuchsit

■ 5. April ■ 4. Chakra

Lindert schmerzhafte Entzündungen; heilende Wirkung bei Hautausschlägen mit Juckreiz oder schorfigen Ekzemen; - hilft, den eigenen Standort im Leben zu finden

Der Fuchsit wurde nach Professor Nepomuk von Fuchs benannt.

Gabbro

■ 26. August ■ 4. Chakra

Fördert die Selbstheilungskräfte und die Regenerationsfähigkeit und ist deshalb hilfreich in Zeiten der Rekonvaleszenz; – hilft Lebensumbrüche zu bewältigen, aber auch Routinearbeiten planvoll und konsequent zu Ende zu führen

Gabbro wurde vom deutschen Geologen Christian Leopold von Buch nach einem Ort in der Toskana benannt.

Galaxyit

■ 14. Februar ■ 3. Chakra

Stabilisiert die Herztätigkeit und den Kreislauf; stärkt die Nierenfunktion; - fördert die Gefühlstiefe, schenkt aber auch die nötige Klarheit, um Ideale und Machbarkeit zu verbinden

Der Galaxyit gehört zur Familie der Labradorite und wird auch Mikro-Labradorit genannt. Er sollte mit Hautkontakt getragen werden.

Gipskristall

■ 10. Oktober ■ 1.-3. Chakra

Fördert die Heilung bei Lungenentzündung; wirkt schmerzlindernd bei rheumatischen Erkrankungen; entkrampft bei Menstruationsbeschwerden; - wirkt beruhigend

Gips, in Kristalltafeln auch als Marienglas bekannt, wurde schon von Hildegard von Bingen als Heilstein eingesetzt. In der Antike wurde er für Bauornamente genutzt.

Girasol

■ 4. Juli ■ 3. Chakra

Fördert die Verdauung und hat eine heilende Wirkung auf Magen und Darm; regt die Lebertätigkeit an; - wirkt befreiend bei eingefahrenen Lebensmustern

Girasol bedeutet aus dem Italienischen übersetzt »sich in der Sonne drehen«. In der Antike galt er als Stein für Künstler und Poeten.

Heil- und Edelsteine

(113)

Gold
■ 11. Mai   ■ 7. Chakra
Erwärmt den Körper und regt den Stoffwechsel an; wirkt schmerzstillend bei rheumatischen Erkrankungen; - fördert Durchhaltevermögen, Geselligkeit und Lebensfreude

Der Name »Gold« leitet sich aus der indogermanischen Sprache ab. Gold galt schon immer als begehrtes Schmuckmaterial und als krisenfeste Geldanlage.

(114)

Goldfluss
■ frei wählbar   ■ 2.+6. Chakra
Hilft bei grippalen Infekten; stärkt das Abwehrsystem und unterstützt die Entgiftung des Körpers; - er schützt vor Selbstmitleid und stärkt das Selbstvertrauen

Der Goldfluss wurde vermutlich im Venedig des 17. Jahrhunderts von der Familie Miotto gefunden. Andere Quellen schreiben den Fund einem Mönchsorden zu.

(115)

Goldobsidian
■ 26. Dezember   ■ 1.+2. Chakra
Hilft bei Verstauchungen, Prellungen und Verspannungen; fördert die Durchblutung; allgemein beruhigende Wirkung; - hilft seelische Verletzungen zu heilen

Schon in Urzeiten verarbeiteten Menschen Obsidiane zu Schneidegeräten, aber auch zu Schmuckstücken.

(116)

Granat
■ 5. August   ■ 1. Chakra
Fördert die Blutbildung; stärkt den gesamten Knochenbau; schmerzlindernd bei Arthritis; wird potenzsteigernde Wirkung nachgesagt; - gibt Selbstvertrauen

Granat bedeutet der »Körnige«. Schon Hildegard von Bingen verwendete ihn als Heilstein. Früher galt er auch als »Krisenanlage« des »kleinen Mannes«, da er für viele erschwinglich war.

Grossular

■ 11. Juni   ■ 1. Chakra

Schmerzlindernd bei arthritischen und rheumatischen Erkrankungen und Entzündungen; heilt Hautreizungen; - hilft bei schulischem Stress und stärkt Willenskraft

Der Name leitet sich vom botanischen Namen der Stachelbeere ab, wegen seiner der Stachelbeere ähnlichen Farbe. Er ist ein seltener Stern und wird gerne als Amulett getragen.

Haifischzahn

■ 5. September   ■ 7. Chakra

Stärkt Abwehrsystem und regt den Stoffwechsel an; stärkt das Augenlicht und wirkt blutdruckregulierend; - wirkt vitalisierend und fördert Tatendrang

Der Haifischzahn wurde schon in Vorzeiten als Amulett getragen, um den »bösen Blick« abzuwehren.

Schutzstein

Hämatit

■ 31. Oktober   ■ 1. Chakra

Fördert Neubildung der roten Blutkörperchen und begünstigt die Eisenaufnahme im Darm; verhilft zu gesundem Schlaf; - fördert Vitalität, Kraft und Ausdauer

Hämatit leitet sich aus dem Griechischen ab und bedeutet »blutig«. Schon vor Tausenden von Jahren wurde der Hämatit zur Blutstillung und bei Wundbehandlungen eingesetzt.

Heliodor

■ 14. Juni   ■ 3.+7. Chakra

Löst Verspannungen der Muskulatur; stärkt das Sehvermögen; - lässt Stress und Belastungen besser ertragen, macht gelassener und geduldiger

Der Heliodor oder Goldberyll ist eine Varietät des Minerals Beryll. Der lateinische Begriff »beryllus« wurde im Mittelalter für alle klaren Kristalle gebraucht.

Heil- und Edelsteine

Lichtbringer

Heliotrop

■ 16. März ■ 4. Chakra

Unterstützt die Heilung bei Lungen- und Infektionskrankheiten; schmerzlindernd bei Bauchschmerzen und entzündlichen Eiterherden; - fördert Standfestigkeit

Der Heliotrop wird in alten Überlieferungen als »Sonnenwendstein« bezeichnet. Ihm wird eine geheime Magie nachgesagt.

Herkimer Diamant

■ 22. August ■ alle Chakren

Begünstigt die Durchblutung und baut Gefäßverengungen vor; wirkt fiebersenkend, hilft bei Magenbeschwerden; - stärkt das Selbstwertgefühl und gilt als »Lichtbringer«

Dabei handelt es sich um einen kleinen Bergkristall. Aufgrund seiner Größe und Beschaffenheit wurde er früher häufig für einen Diamanten gehalten.

Howlith

■ 23. September ■ 7. Chakra

Gegen Sodbrennen; hilft gegen Fettsucht und bei Verdauungsbeschwerden; heilt Fingernagel- oder Nagelbettentzündungen; - hilft bei der Entscheidungsfindung

Er wurde nach dem kanadischen Mineralogen How benannt. Aufgrund seiner Ähnlichkeit wird er oft mit dem Magnesit verwechselt. Beide Minerale haben jedoch nichts gemeinsam.

Hypersthen

■ 15. Dezember ■ 1. Chakra

Hilft bei Verspannungen und Muskelschmerzen; hilft bei Sodbrennen und übersäuertem Magen; - hilft, konstruktiv mit Kritik umzugehen, fördert ausgewogenes, selbständiges und kraftvolles Handeln

Hypersthen leitet sich aus dem Griechischen ab (hyper = über, sthenos = Kraft). Er wurde von René-Just Hauy im Jahre 1803 benannt.

(125)

Jade grün

■ 27. September   ■ 4. Chakra

Blutdrucksenkend; wirkt schmerzlindernd bei Sonnenbrand und Verbrennungen; regeneriert die Haut; - hilft Albträume und Ängste abzubauen; gegen Lampenfieber

Im Taoismus war Jade das Symbol für Weisheit, Gerechtigkeit, Barmherzigkeit, Bescheidenheit und Mut. Jade spielte auch im Totenkult eine wichtige Rolle.

(126)

Jade – Lavendeljade

■ 1. Oktober   ■ 6.+7. Chakra

Regt die Nebennierentätigkeit an; hilft bei Nieren- und Gallensteinen; - beruhigt und hilft, Konflikte konstruktiv zu lösen und mit Enttäuschungen umzugehen

Die Chinesen bezeichneten Jade als »Yu«, was »Stein des Himmels« bedeutet. Aus Jade werden Buddha-Figuren und andere Kultobjekte angefertigt.

Fruchtbarkeit- & Schutzstein

(127)

Jade schwarz

■ 2. April   ■ 1. Chakra

Wirkt regulierend auf Nieren und Blase; - er befreit uns von negativen Gedanken und hilft uns, unsere Mitte zu finden; er gilt zudem als guter Schutzstein.

Jade symbolisiert in fast allen Kulturen die magische Kraft. Seine Ausstrahlung und Schönheit faszinieren von jeher die Menschen. Die Indianer Südamerikas nannten ihn »Lendenstein« und nutzten ihn als Nierenheilmittel.

Frauenstein

(128)

Jaspis gelb

■ 27. Dezember   ■ 3. Chakra

Hilft bei Gallen-, Nieren-, und Lebererkrankungen; stärkt Abwehrsystem; - lindert Begleiterscheinungen in den Wechseljahren; gilt als Frauenstein

Schon in der Bibel wird Jaspis als »edelster Stein« und als »erster der zwölf wichtigsten Edelsteine« genannt, und als Mauerstein der künftigen Gottes-Stadt Jerusalem.

Heil- und Edelsteine

Energiespender

Jaspis rot

🟥 27. März 　　　🟪 1. Chakra

Stärkt das Herz-Kreislauf-System; stimuliert den Energiefluss im Körper; - verleiht Dynamik und Tatkraft; macht konfliktfähig; gilt als wahrer Energiespender

Die Indianer haben diesen Stein als Fruchtbarkeitsstein verehrt, der das Feuer der Liebe entfachen und Mann und Frau als Einheit verbinden sollte.

Kraftstein

Jaspis - Kalahari-Jaspis

🟥 24. März 　　　🟪 1.+2. Chakra

Bekämpft Allergien und Hautausschläge; hilft bei Magen- und Darmerkrankungen; stärkt das Immunsystem; - gibt Mut und Durchhaltevermögen; gilt als Kraftstein

Die Bezeichnung Jaspis stammt aus dem Orient und bedeutet soviel wie »gesprenkelt«, »geflammt«, »gestreift«. In manchen Kulturen gilt er auch als Stein des Neubeginns.

Jaspis - Landschafts-Jaspis

🟥 2. Januar 　　　🟪 1.+3. Chakra

Lindert Magen- und Darmerkrankungen; bekämpft Allergien und Ausschläge; - bewahrt vor Überheblichkeit; hilft bei Misstrauen und krankhafter Eifersucht

Die oft lebhaften Musterungen des Steins gaben ihm seinen Namen.

Jaspis - Leoparden-Jaspis

🟥 30. September 　　　🟪 2.+3. Chakra

Wirkt entwässernd und reinigend; schmerzlindernd bei rheumatischen und muskulären Verspannungen; - fördert die Aktivität und die Kreativität; wirkt stimmungsaufhellend

In Mittelamerika galt er als »Stein, aus dem Welt gebaut ist«. Ferner fand er Verwendung als Schutzstein gegen wilde Tiere.

(133)

Jaspis – Picasso-Jaspis

■ 6. April ■ 2.+3. Chakra

Hemmt Entzündungen in der Gebärmutter; fördert die Entgiftung über Darm und Blase; - sensibilisiert; gilt als Stein, der die »erotische Ausstrahlung« fördert

Der Picasso-Jaspis trägt seinen Namen wegen seiner außergewöhnlichen Musterungen

(134)

Jaspis – Poppy-Jaspis

■ 21. September ■ 2.+3.+6. Chakra

Wirkt entzündungshemmend bei Blasenerkrankungen; vermindert Körpergeruch; - verhilft zu mehr Zuversicht und Optimismus

Der Poppy-Jaspis ähnelt dem Leoparden-Jaspis ist im Vergleich zu diesem aber farbintensiver.

(135)

Jaspis – Regenbogen-Jaspis

■ 25. Oktober ■ 1.-3. Chakra

Lindert hartnäckigen Hustenreiz; fördert gesunden Schlaf; verfeinert den Geschmacks- und den Geruchssinn; - fördert die Zielstrebigkeit und das Durchsetzungsvermögen

Der Regenbogenjaspis wird in China als einer der ältesten Heilsteine geschätzt. Er wird als Schutzstein am Hals getragen und gemahlen Kräutermischungen beigefügt.

(136)

Jaspis – Schlangen-Jaspis

■ 9. Juli ■ 1.+2. Chakra

Hilft, den Cholesterinspiegel zu senken; verbessert den Fettstoffwechsel; - fördert den Gedankenfluss und das seelische Erleben; stärkt das Gedächtnis

Inder und Chinesen schätzen den Jaspis seit Jahrtausenden als Heil- und Schmuckstein.

Heil- und Edelsteine

(137)

Jett (Gagat)

🟥 24. September   🟪 1.+6. Chakra

Wirkt schmerzlindernd bei Abnutzungserscheinungen und entzündlichen Veränderungen der Gelenke und Wirbel; krampflösend; - gegen Einsamkeitsgefühle

Den Jett, auch als Gagat bekannt, soll Queen Victoria nach dem Tod ihres Mannes stets als Schmuckstein getragen haben. Er gilt aber auch als Troststein.

(138)

Kalkoolith

🟥 23. März   🟪 6. Chakra

Hilft den Körper zu entschlacken und fördert gesunden Schlaf; - hilft loszulassen und unterstützt die »geistige Reinigung«, hilft zwanghafte Gedanken loszuwerden

Hildegard von Bingen nannte den Stein »Margarita-Stein«. Wegen seinen kugeligen Punktierungen wird er auch »Rogenstein« genannt.

Glücksstein

(139)

Kalkrose

🟥 30. März   🟪 6. Chakra

Wirkt regenerierend auf die Haut und kann so zu einem jugendlichem Aussehen verhelfen; - fördert die Kreativität und verleiht geistige Energie

Die Kalkrose zerbricht leicht und wird in erster Linie als Heilstein oder zur Raumdekoration eingesetzt.

Für Schulkinder

(140)

Katzenauge

🟥 12. Juni   🟪 1.-3. Chakra

Wirkt schmerzstillend bei neuralgischen Beschwerden; stärkt das Sehvermögen; löst Verspannungen; stärkt die Konzentration; beliebter Stein für Schulkinder

Das Katzenauge, auch rotes Tigerauge genannt, wird wegen seiner Lichteffekte so bezeichnet. Es galt früher als Schutzstein gegen den bösen Blick und Verhexungen.

141

Kieseltuff

■ 2. März   ■ 3.+4. Chakra

Hilft gegen Hautunreinheiten und stärkt das Gewebe; - er fördert Offenheit und Selbstkritik und verhilft zu mehr Ehrlichkeit.

Der Kieseltuff sollte über einen längeren Zeitraum mit Hautkontakt getragen werden.

142

Koralle blau

■ 21. Dezember   ■ 5. Chakra

Wirkt entzündungshemmend bei Parodontose und schmerzlindernd; hilft Kleinkindern beim Zahnen; wirkt Leber entgiftend; - wirkt harmonisierend und aufbauend

In der Antike wurden im Nahen Osten und im Mittelmeerraum Korallen als Hilfsmittel für Orakel eingesetzt.

143

Kunzit

■ 24. April   ■ 4. Chakra

Wirkt gegen Arthritis; krampflösend bei Muskelverspannungen; schmerzstillend bei Sehnenscheidenentzündungen, Ischiasbeschwerden, Neuralgien; - wirkt stimmungaufhellend.

Der Kunzit wurde 1902 in Kalifornien vom Schweizer Gemmologen George Frederick Kunz entdeckt und nach ihm benannt.

144

Kupfer

■ 23. April   ■ 1.+4. Chakra

Allgemein schmerzstillende und entkrampfende Wirkung; fiebersenkend bei grippalen Infekten; gegen Erdstrahlen; - fördert Mut und Gerechtigkeitsempfinden

Schon seit dem 5. Jahrtausend vor Christus förderten die Ägypter Kupfer. Es wurde sowohl für Zierrat als auch für Waffen verwendet.

Heil- und Edelsteine

(145)

Labradorit

■ 21. Februar   ■ 5.-7. Chakra

Lindert rheumatische Erkrankungen und Gicht; wirkt blutdrucksenkend bei Bluthochdruck; - weckt die Kreativität, indem er Wissen und Intuition harmonisch verbindet

Der Labradorit wurde erstmals 1770 an der Küste Labradors gefunden und nach seinem Fundort benannt.

(146)

Lapislazuli

■ 27. November   ■ 5.-7. Chakra

Allgemein krampflösend; wirkt abschwellend und juckreizstillend bei Insektenstichen; gegen Erkrankungen im Hals- und Kehlkopfbereich; - stärkt das Gedächtnis

Lapislazuli leitet sich aus dem Lateinischen und aus dem Arabischen ab und bedeutet »blauer Stein«. Er ist ein Mineralgemisch. Die Hauptfundstätten sind Afghanistan und Russland.

(147)

Lavendelquarz

■ 4. Dezember   ■ 6.+7. Chakra

Wirkt blutdrucksenkend; schmerzstillend bei Kopfschmerzen; - fördert die Intuition und macht offen für neue Erfahrungen

Der Lavendelquarz wurde schon immer als Schmuckstein getragen. Als Heilstein findet er erst jetzt Beachtung.

(148)

Lazulith

■ 31. August   ■ 6. Chakra

Allgemein abschwellende Wirkung; beschleunigt die Heilung bei Knochenbrüchen; aktiviert den Stoffwechsel; wirkt entspannend und hilft, Ärger und Frust abzubauen

Lazulith leitet sich vermutlich aus dem Griechischen und Arabischen ab und bedeutet soviel wie »Stein des Himmels«.

Lepidolith

■ 3. Oktober   ■ 7. Chakra

Wirkt gegen Übersäuerung im Körper; lindert Ischialgie-, Neuralgie- und Gelenkbeschwerden; - schützt vor Beeinflussung und Ablenkung

Seinen Namen erhielt er 1795 durch den Mineralogen Martin H. Klapproth. Die Bezeichnung leitet sich aus dem Griechischen »lepidios« ab, das »kleine Schuppe« bedeutet.

Libysches Wüstenglas

■ 15. Januar   ■ 4. Chakra

Wirkt gegen Verspannungen im Nackenbereich; lindert Infektions- und Lebererkrankungen; stärkt das Immunsystem; - wirkt ausgleichend und stärkt das Gedächtnis

Schon in der Jungsteinzeit wurde der Stein als Werkzeug und für die Herstellung von Pfeilspitzen verwendet.

Limnoquarzit

■ 8. Juli   ■ 1. Chakra

Hilft bei Schmerzen, die durch Nervenstörung entstehen; hilft bei Erkältungskrankheiten wie Atemwegserkrankungen und Halsschmerzen; - gleicht Extreme aus wie »Überspannung« und depressive Handlungsunfähigkeit

Quarzit leitet sich vermutlich vom Mittelhochdeutschen »querch« ab und bedeutet »Zwerg«. »Limno« bedeutet Süßwasser.

Magnesit

■ 22. März   ■ 4.+7. Chakra

Wirkt entzündungshemmend bei Prostata- und Gebärmutterentzündungen; hilft beim Abnehmen; - schenkt Gelassenheit und innere Ruhe

Magnesit wurde 1808 erstmals erwähnt. Den Namen erhielt es aufgrund seines hohen Anteil an Magnesium.

Heil- und Edelsteine

Magnetit

■ 29. Januar   ■ 5.+7. Chakra

Entkrampft bei kolikartigen Beschwerden; hilft bei Blasenentzündung; wirkt blutreinigend; stimuliert den Energiefluss; - fördert die geistige Aufnahmefähigkeit

Seit dem 11. Jahrhundert nutzen die Chinesen die magnetischen Eigenschaften des Minerals. Im Mittelalter hieß der Stein »Magnetstein«, abgeleitet aus dem Lateinischen »magnes«.

Erste-Hilfe-Stein

Mahagoni-Obsidian

■ 4. November   ■ 1. Chakra

Fördert schnelle Wundheilungen und hilft Blutungen zu stillen; lindert Allergien und wirkt erwärmend; - wird gerne als »Erste-Hilfe-Stein« eingesetzt

Schon die Majas und Azteken fertigten aus Obsidianen Schmuckstücke und feine Werkzeuge. Einer Legende nach fand ein Römer namens Obsius den Stein in Äthiopien.

Schwangerschaftsstein

Malachit

■ 20. Januar   ■ 4. Chakra

Wirkt allgemein entgiftend; lindert Übelkeit; entkrampft bei Menstruationsbeschwerden; - weckt die Neugier; - wird auch »Schwangerschaftsstein« genannt

Der Name stammt aus dem Griechischen (malache = Malve). Bereits die Ägypter schnitzten aus Malachit Kunstobjekte und benutzten gemahlenen Malachit als Lidschatten.

Markasit

■ 13. August   ■ 3. Chakra

Fördert den Appetit; hilft bei Atemwegserkrankungen und hemmt Entzündungen der Mundschleimhaut und des Zahnfleisches bei Parodontose; - fördert die Intuition

Schon in der Steinzeit wurde der Markasit benutzt, um Feuer zu entzünden. Im Volksmund wurde der Markasit früher auch »Gesundheitsstein« oder »Leberstein« genannt.

Mohrenkopfturmalin

■ 12. Oktober ■ 4.+5.+7. Chakra

Wirkt hustenstillend, auch bei Krupp-Husten; verhilft zu besserem Durchatmen, auch bei Kurzatmigkeit; - regt die Vorstellungskraft und die Fantasie an

Im Volksmund wurden farblose Turmaline mit dunkler Spitze Mohrenkopfturmaline genannt. Sie wurden erstmals im 19. Jahrhundert auf Elba entdeckt.

Moldavit

■ 3. November ■ 4.+5. Chakra

Verbessert das Blutbild bei Anämie; lindert grippale Infekte und hilft Atemwegserkrankungen zu heilen; - soll bei manchen Menschen die Hellsichtigkeit fördern

Er erhielt seinen Namen nach Fundorten an der Moldau. Der Moldavit gilt als magischer Glücksstein, als Wunsch- und Fruchtbarkeitsstein und wird gern als Amulett getragen.

Notfallstein

Mondolith

■ 21. Mai ■ 1. Chakra

Regt das Verdauungssystem an, entspannt die Muskulatur und fördert die Durchblutung; - erhöht die Aufmerksamkeit und gilt als hervorragender »Notfallstein«

Der Stein wurde erstmals 1997 in Nordafrika entdeckt. Sein Name leitet sich aus dem Italienischen »il mondo« die Welt ab.

Mondstein

■ 5. Juli ■ 2.+5. Chakra

Lindert Menstruationsbeschwerden und hilft, die Periode zu regulieren; fördert die Fruchtbarkeit; - fördert die Intuition und sensibilisiert für die Mitmenschen

Früher war der Mondstein als Marienglas oder Selenit bekannt. Wegen seines etwas »kalt-blassen« Aussehens benannte man ihn im 18. Jahrhundert Mondstein.

Heil- und Edelsteine

Mookait

■ 15. April   ■ 1. Chakra

Fördert die Wundheilung bei eitrigen und entzündeten Wunden; schmerzlindernd bei Halsschmerzen und trockenem Husten; - wirkt harmonisierend und ausgleichend

Er ist erst seit wenigen Jahren bekannt und wurde nach seinem Fundort am australischen Fluss »Mooka« benannt. Die Aborigines sollen ihn zur Blutstillung verwendet haben.

Moosopal

■ 3. März   ■ 4.+6. Chakra

Wirkt blutreinigend, aktiviert die Nierentätigkeit und hilft, den Körper zu entgiften; gegen Übelkeit bei Reisekrankheit; - fördert das Zugehörigkeitsgefühl

Der Stein wurde schon von den australischen Ureinwohnern als Heil- und Schmuckstein verwendet. Er soll die Familie vor Armut und Krankheit schützen.

Moqui-Pairs

■ 18. Februar   ■ 1.+3. Chakra

Fördern die Blutbildung; verhelfen zu gutem Schlaf; - stärken das Körpergefühl und vermitteln eine innere Gelassenheit

Der Stein ist nach den Moqui-Indianern benannt, auf deren Gebiet er gefunden wurde. In Deutschland sind sie auch als »Partner-Steine« bekannt und werden meist paarweise angeboten.

Morganit

■ 21. Oktober   ■ 3.+4. Chakra

Wirkt dem »Workaholic-Syndrom« entgegen und hilft bei den Folgeerscheinungen wie Herz- und Rückenbeschwerden und Impotenz; - stärkt die Selbstverantwortung

Der Stein erhielt 1911 diesen Namen zu Ehren des Mineraliensammler J.P.Morgan. Zuvor war er als »Rosa Beryll« bekannt.

Muskovit

■ 22. Februar   ■ 5.+4. Chakra

Hilft besonders bei psychosomatisch beding-
ten Herz-, Nieren-, Gallen- und Magenbeschwerden; - lindert Nervosität und beruhigt
das zentrale Nervensystem

Der Muskovit ist lichtdurchlässig und ein sehr
vielseitiger Stein. Wegen seiner Hitzebestän-
digkeit wurde er auch für Ofentüren ver-
wandt.

Schutzstein

Nephrit

■ 24. Februar   ■ 3.+4. Chakra

Beugt Ablagerungen in den Harnwegen vor;
wirkt schmerzlindernd bei Nieren- und
Gallensteinen; - verhilft zur Ruhe und gilt als
traditioneller »Schutzstein«

Nephrit und Jade waren bis zum Beginn des
19. Jahrhunderts nicht zu unterscheiden. Der
Nephrit wurde früher in Apotheken als Heilmittel gegen Nierenerkrankungen verkauft.

Nunderit

■ 3. Januar   ■ 4. Chakra

Wirkt entkrampfend und entspannend; stärkt
Leber und Galle; - fördert das geistige
Wachstum und die Spiritualität; hilft, Fehl-
schläge zu überwinden und fördert das
Selbstwertgefühl

Der Nunderit sollte über einen längeren Zeitraum mit Hautkontakt getragen werden.

Onyx

■ 4. August   ■ 1.+6. Chakra

Heilt Ohrenerkrankungen, schärft den Gehör-
sinn; hilft bei Gleichgewichtsstörungen; verbessert die Motorik; - stärkt das Durchsetzungsvermögen

Im Griechischen bedeutet »Onyx« »Nagel«.
Bereits in der Antike hat man ihn zur Haut-
und Nagelpflege benutzt.

Heil- und Edelsteine

(169)

Opalisiertes Holz

■ 30. August   ■ alle Chakren

Entgiftende Wirkung; lindert Lebererkrankungen und hilft bei Magengeschwüren; baut Angst vor Dunkelheit und Einsamkeitsgefühle ab

Der Name Opal stammt aus dem Altindischen »upala«, was »Edelstein« bedeutet. Er gilt als Symbol der Liebe.

(170)

Opalith

■ 15. Juli   ■ Chakraneutral

Fördert die Entschlackung und die Entgiftung; wirkt darmreinigend; hemmt Entzündungen der Schleimhäute; hilft Berührungsängste abzubauen

Indianer verwendeten den Stein als Schutzstein gegen Zauberei. Auch die Römer ehrten ihn als Schutzstein.

(171)

Orthoklas

■ 20. März   ■ 3.+5. Chakra

Bewahrt die Haut vor dem Austrocknen; lindert Entzündungen in Gelenken, wirkt bei Gicht und allgemeinen Gliederschmerzen; schärft die Wahrnehmung

In alten Kulturen wurde der Orthoklas als »Sonnenstein« verehrt, da er die Weisheit und die Aura der Götter in sich tragen und vor bösen Dämonen schützen soll.

(172)

Peridot

■ 11. September   ■ 4.+6. Chakra

Hilft bei Infekten, den Heilungsprozess zu beschleunigen; wirkt schmerzstillend bei Herpes Zoster; - löst innere Spannungen und unterstützt die Eigeninitiative

Peridot wird auf der Insel Zebirget im Roten Meer schon seit dem 15. Jahrhundert v. Chr. abgebaut. In Europa wurde er hauptsächlich durch die Kreuzzüge bekannt.

Perle

■ 8. Oktober   ■ 2.+3. Chakra

Wirkt stärkend und heilend auf den Knochenbau; wirkt entkrampfend bei Muskelverspannungen und Kopfschmerzen; - hilft bei Verlustängsten und Trauer

Perlen gehörten schon im Altertum zu den edelsten Juwelen, mit denen Prunkgewänder bestickt wurden. Perlen sollen seinem Träger die Zukunft weisen.

Perlmutt

■ 25. Mai   ■ 5.+7. Chakra

Hilft bei Muskel- und Nervenentzündungen, lindert Entzündungen im Nasen- und Rachenbereich; verhindert Mundgeruch; - stärkt das Selbstvertrauen

Bereits im 15. Jahrhundert hat man Perlmutt für Schnitzereien und Muschelpokale verwendet. Auch heute findet es noch vielfältige Anwendung als Intarsie, bei Möbeln und Musikinstrumenten.

Meditationsstein

Petalit

■ 24. Januar   ■ 4. Chakra

Wirkt entkrampfend bei Wadenkrämpfen; lindert entzündliche Augenerkrankungen; - hilft Schockerlebnisse besser zu verarbeiten

Früher wurde er »Stein der Engel« genannt, da er eine Verbindung zu ihnen herstellen sollte. Der Name leitet sich aus dem Griechischen ab (petalon = Blatt); vermutlich wegen seiner guten Spaltbarkeit.

Phantomquarz

■ 6. August   ■ Chakraneutral

Hilft Kindern gegen Bettnässen; wirkt gegen Schwindel; regt den Blutkreislauf an; - steigert Energie und Ausdauer; - hilft nächtliche Angstzustände abzubauen

Er ist ein ganz besonderer Kristall. Seinen Reiz erhält er durch den Aufbau aus Schichten, die oft wie ein »Nebelschleier« wirken.

Heil- und Edelsteine

(177)

Pietersit

■ 19. Januar   ■ 1.+3. Chakra

Lindert Atembeschwerden; beruhigt bei Un-
ruhezuständen, die mit Herzbeklemmungen
einhergehen; - fördert die Ausgeglichenheit
und die Gelassenheit

Dieser Stein wurde erst Ende des 20. Jahrhunderts bekannt, als der Händler Sid Pieters
diesen Stein zum Verkauf anbot.

(178)

Prasem

■ 2. November   ■ 4. Chakra

Lindert stechende, brennende und juckende
Schmerzen; hilft bei Sonnenbrand, Hitzschlag
und Ausschlägen; - fördert die Diplomatie
bei Auseinandersetzungen

Schon im alten Griechenland wurde der
Prasem als Zierstein zum Bau von Tempeln
benutzt. Priester trugen ihn als Amulett, um
eine geistliche Atmosphäre zu schaffen.

(179)

Prasolith

■ 20. April   ■ 4. Chakra

Schützt vor Überlastung; stabilisiert und
stärkt das Immunsystem; regt die Hormonproduktion an; - sensibilisiert das Gefühls-
leben; allgemein beruhigende Wirkung

Der Prasolith ist ein seltener Heilstein. Alte
südamerikanische Kulturen verwendeten ihn
zur Anbetung ihrer Götter. Schamanen nutzten ihn als Heilstein.

(180)

Prehnit

■ 14. Juli   ■ 3.+4. Chakra

Fördert die Regenerationsprozesse im Körper;
lindert Erkältungen und regt den Stoffwechsel an; - hilft unangenehme Wahrheiten
besser zu ertragen

Dieses Mineral wurde am Kap der guten
Hoffnung entdeckt und 1783 nach Europa
gebracht.

Schutzstein

(181)

Psilomelan

■ 29. April ■ 1.+2. Chakra

Kräftigt die Lunge und fördert die Darmtätigkeit; wirkt regenerierend und kräftigend
bei Erschöpfung; - bremst Hast und fördert
ruhiges, überlegtes Handeln

Er gilt als Schutzstein gegen Wasserstrahlen
und Erdverwerfungen. Er sollte längere Zeit
auf der Haut als Anhänger oder als Taschen-
stein getragen werden.

(182)

Pyrit Pop-Rocks

■ 29. Juli ■ 3. Chakra

Fördern den Energiefluss; verbessern die Zell-
und Hautregeneration; - fördern Ruhe, Ausgeglichenheit und Harmonie

Pyrith leitet sich aus dem Griechischen ab
und bedeutet soviel wie »Feuerstein«. Die Bezeichnung »Pop-Rocks« entstand vermutlich
in esoterischen Kreisen der USA.

(183)

Pyritsonne

■ 8. April ■ 4. Chakra

Lindert Atemwegserkrankungen; wirkt
entkrampfend; - hilft, sich von negativen,
depressiven Gedanken zu lösen; herzkranke
Menschen sollten den Stein nicht verwenden.

Die Pyrithsonne gilt als »Strahlstein« auf
feinstofflicher Ebene. Diese Kraft wird
beispielsweise im »Edelstein-Reiki« genutzt.

Fruchtbarkeitsstein

(184)

Rauchquarz

■ 17. Oktober ■ 1.+3. Chakra

Entschlackende Wirkung; stärkt das Bindegewebe; - lindert Entzugserscheinungen; gilt
auch als Potenz- und Fruchtbarkeitsstein

Schon im Altertum galt der Rauchquarz als
Symbol für Lebensfreude, Reinheit und Kraft.
Bei Römern und Griechen galt er als Stein,
der Trauer überwinden hilft und neue Kräfte
fördert.

Heil- und Edelsteine

Schwangerschaftsstein

Regenbogenobsidian

■ 2. Oktober   ■ alle Chakren

Hilft bei Sehschwäche; regt die Hormonproduktion an; - verbessert die Wahrnehmung
und Intuition; gilt als Schwangerschafts-
Schutzstein

Schon die Ureinwohner Mexikos verwendeten
den Stein als Heil- und Schmuckstein.

Runenstein

Rheinkiesel

■ 29. Oktober   ■ 1.+6. Chakra

Wirkt entschlackend und regulierend auf den
Feuchtigkeitshaushalt der Haut; stärkt den
Knochenbau; - lindert Altersneurosen und
steigert das Selbstvertrauen

Den Rheinkiesel hat man früher mit »Runen-
zeichen« gefunden. Heiler und Wahrsager
verwendeten den Stein in vorchristlicher Zeit
für ihre Rituale.

Rhodochrosit

■ 3. Mai   ■ 1.+4. Chakra

Lindert asthmatische Beschwerden; wirkt
blutreinigend; regt die Nierentätigkeit an;
dämpft Migräneanfälle; - stärkt das sexuelle
Verlangen; wirkt stimmungsaufhellend

Rhodochrosit kommt aus dem Griechischen
und bedeutet »rosenfarbig«. Das Mineral
bildet sich oft in einer Art von Tropfstein aus.
Es wird als Heil- und Schmuckstein geschätzt.

Wundheilstein

Rhodonit

■ 26. April   ■ 2.+4. Chakra

Wirkt schmerzlindernd und heilend bei Verletzungen und Wunden; stärkt das Herz; -
hilft bei Schockzuständen; gilt als hervorragender Wundheilstein

Die römischen Feldherren bezeichneten ihn
als den »Stein der Wandernden«, der seinen
Träger auf Reisen vor Gefahren bewahre. Außerdem helfe er bei Veränderungsprozessen.

189

190

Heil- und Schutzstein

Rhyolith

■ 10. November   ■ 4.+5. Chakra

Wirkt entzündungshemmend; stärkt das
Immunsystem und macht widerstandsfähiger;
- verbessert die Selbsteinschätzung und die
Eigenakzeptanz

Rhyolith ist ein geschätzter Schmuck- und
Heilstein. Seinen Namen erhielt er vom
Geologen Freiherr Ferdinand von Richthofen.

Richterit

■ 16. Februar   ■ 7. Chakra

Wirkt fiebersenkend; reguliert den Mineral-
stoffhaushalt und regt die Nierentätigkeit an;
- stärkt und stabilisiert die Psyche; gilt als
kräftiger Heil- und Schutzstein

Richterit ist der Stein des 20. Jahrhunderts,
der in kürzester Zeit zum beliebten Schmuck-
und Heilstein aufstieg.

191

192

Rosenchalcedon

■ 24. November   ■ 5. Chakra

Stärkt das Herz; wirkt vor allem nach Infektionen aufbauend; dämpft Appetit und Hun-
gergefühl; - fördert Empfinden und Fühlen,
Herzensgüte und Verständnis

Der Chalcedon könnte sich aus der griechischen Stadt »Kalchedon« ableiten. Der Theo-
loge und Naturwissenschaftler Albertus
Magnus hat im 13. Jahrhundert den Stein so
benannt.

Rosenquarz

■ 8. Mai   ■ 4. Chakra

Wirkt juckreizstillend und heilend bei Hauterkrankungen; hemmt aufkommende Übelkeit;
fördert die Fruchtbarkeit bei Frauen; - macht
aufgeschlossen und hilfsbereit

In der griechischen Mythologie schenkt der
Liebesgott Eros den Menschen den Rosen-
quarz. In Süd- und Ostafrika galt er als Stein
der Fruchtbarkeit.

Heil- und Edelsteine

Rubin

■ 26. März   ■ 1.+4. Chakra

Lindert Herz-Kreislaufbeschwerden, Durchblutungsstörungen und Darminfektionen; hilft hormonelle Störungen auszugleichen; - fördert die Sinnlichkeit

Der Rubin galt schon immer als »Stein der Sinnlichkeit«. Sein Name leitet sich aus dem Lateinischen »rubeus« ab, was »Rot« bedeutet. Die Römer schätzten ihn als Stein der Liebe.

Rubin-Zoisit

■ 14. April   ■ 2.+4. Chakra

Senkt die Anfälligkeit für Infektionen; hilft bei Potenzproblemen und Gefühlskälte; - setzt Energien frei, bremst aber auch Übermut und Leichtsinn

Der Rubin-Zoisit wurde erstmals im 19. Jahrhundert gefunden und nach seinem Entdecker Baron von Zois benannt.

Schwangerschaftsstein

Rutilquarz

■ 12. August   ■ 3.+5. Chakra

Hilft bei Atemwegserkrankungen; wirkt schleimlösend; gut bei Asthma und Bronchitis; - gilt als Stimmungsaufheller, der Depressionen und Ängsten entgegenwirkt

Im alten Griechenland wurde der Rutilquarz als mystischer Stein benutzt, um der »Wahrheit« näher zu kommen.

Sandrose

■ 28. August   ■ 1.+3. Chakra

Wirkt entwässernd bei Ödemen; lindert Magenbeschwerden, die mit Brechreiz einhergehen; hemmt Thrombosebildung; - gilt als Schwangerschafts-Schutzstein

Sandrosen sind bizarre Gebilde, die meist aus Sandkörnern bestehen, die in Kristallen eingebettet sind.

Saphir

197

■ 18. Dezember   ■ 5.-7. Chakra

Stärkt die körpereigene Abwehr; wirkt fiebersenkend und schmerzlindernd; appetitan-
regend; - fördert die Konzentrationsfähigkeit
und zielorientiertes Arbeiten

Schon von jeher galt der Saphir als »Stein der
Macht«. In der Bibel gilt er als Grundstein des
»Neuen Jerusalem«. Man nennt ihn auch den
Stein der Treue, Klugheit, Wahrheit und
Vernunft.

Sarder

198

■ 20. November   ■ 1.+2. Chakra

Wirkt heilend bei Gallenbeschwerden, Geschwüren und Durchfall; fördert die Durchblutung des Herzens; - fördert das Mitgefühl
und die Hilfsbereitschaft

Der Name entstammt der Stadt »Sardes« in
Kleinasien. Bei den Christen gilt er als Sinnbild der Herrlichkeit Gottes. Bei den Griechen
und Römern symbolisierte er die »Macht des
Feuers«.

Sardonyx

199

■ 7. September   ■ 1.+5. Chakra

Stärkt die Sinnesorgane und regt den Zell-
stoffwechsel an; wirkt heilend bei Infekten
des Rachenraumes; entzündungshemmend; -
hilft Trauer zu verarbeiten

Sein Name setzt sich zusammen aus »Sarder«
und »Onyx«. Der Sardonyx ist meist drei-
farbig.

Schutzstein

Schalenblende

200

■ 16. Mai   ■ 2.+3. Chakra

Fördert den Geruchs- und den Geschmacksinn; gut für die Wundheilung; schützt vor
schädlicher Strahlung; - gilt als Schutzstein
auf Reisen und bei Lebensumbrüchen

Bei Sammlern sind farblich interessante Aus-
bildungen äußerst beliebt. Im Rohzustand als
Knolle sind sie jedoch selten erhältlich.

Heil- und Edelsteine

Schaumkoralle

■ 14. März   ■ 1.+2. Chakra

Hilft bei Verkrampfungen im Brustbereich und bei Hustenanfällen; - stärkt den Gemeinschaftssinn; - gilt als Schutzstein für Schwangere und Kinder

Korallen wurden von jeher als Symbol der Liebe und als Glücksbringer genutzt. In vielen Kulturen galten sie auch als Schutz gegen das Böse.

Schiefer

■ 23. Oktober   ■ 3.+6. Chakra

Beschleunigt die Heilung bei Knochenbrüchen; lindert Zahnschmerzen; unterstützt Heilung bei Hautausschlägen; - fördert die Motivation und den Lebenswillen

Viele alte Kulturen haben Schiefer zu Heilzwecken genutzt. In Europa werden spezielle Schieferarten für die Bedachung verwendet.

Schutzstein

Schneeflockenobsidian

■ 7. Oktober   ■ 1.+6. Chakra

Hilft bei Viruserkrankungen wie Masern, Herpes, Windpocken; lindert Pilzerkrankungen; wirkt gegen kalte Füße; gilt als Schutzstein gegen negative Energien

Die Griechen glaubten, dass der Obsidian ein Stein der Wahrheit sei. Die Ureinwohner Mexikos schätzten ihn als Schutzstein.

Schneequarz

■ 1. Juli   ■ 3. Chakra

Wirkt gegen Schwächezustände und allgemein wärmend bei kalten, gefühllosen, tauben Extremitäten; - wirkt vitalisierend und hilft, sich selbst zu lieben

Der Schneequarz erhielt seinen Namen wegen seines schneeweißen, reinen Aussehens. Er gilt als ausgezeichneter Heilstein.

205

Schwefel

■ 21. August   ■ alle Chakren

Wirkt reinigend auf Haut und Haare, bei
Schuppenflechte und Ekzemen; schmerzlindernd bei Verbrennungen; gleicht den Mineralhaushalt aus; - stärkt das Bewusstsein

Schwefel ist brennbar und leitet sich aus dem
althochdeutschen »swebal, sweval« ab, was
»schwelen, brennen« bedeutet.

206

Seeohren

■ 3. Februar   ■ 2. Chakra

Wirken schmerzlindernd bei Muskel- und
Nervenentzündungen und Entzündungen im
Kiefer und Rachenbereich; verbessern Mund-
flora; - steigern das Selbstwertgefühl

Seeohren sind Schnecken mit einer Schale
aus Perlmutt, die in herrlichen Farben schil-
lert. In China werden die Schalen in Pulverform als Aphrodisiakum gehandelt.

207

Septarie gelb

■ 7. Mai   ■ 3.+7. Chakra

Regeneriert den Säuren-Basen-Haushalt im
Körper; hilft bei Haut- und Darmerkrankungen; - stärkt die Konzentrationsfähigkeit und
das Erinnerungsvermögen

Septarie leitet sich aus dem Lateinischen »sa-
eptum«, die Scheidewand, ab. Wasser, das
oftmals im Innern der Schale gefunden
wurde, hielt man für »heiliges Urwasser«.

208

Septarie schwarz

■ 5. November   ■ 1. Chakra

Regeneriert den Säuren-Basen-Haushalt im
Körper; hilft bei Haut- und Darmerkrankungen; fördert erholsamen Schlaf; - hilft,
Konflikte anzugehen und sie konstruktiv zu
lösen

Septarie leitet sich aus dem Lateinischen »sa-
eptum«, die Scheidewand, ab. Wasser, das
oftmals im Innern der Schale gefunden
wurde, hielt man für »heiliges Urwasser«.

Heil- und Edelsteine

(209)

Serafinit

■ 26. Februar   ■ 4.+6. Chakra

Kräftigt Bindegewebe und Muskulatur; hilft Fettpolster abzubauen, vor allem, wenn sie seelisch begründet sind; wirkt gegen Müdigkeit; - hilft, negative Gedanken loszuwerden und so aus Stimmungstiefs herauszufinden

Der Serafinit gilt als starker Meditationsstein, der den Eintritt in die spirituelle Welt erleichtern soll.

(210)

Serpentin

■ 13. Oktober   ■ 3.+4. Chakra

Wirkt krampflösend bei Magen- und Menstruationsbeschwerden; fördert die Nierentätigkeit; - wirkt ausgleichend bei Aggressionen und Stimmungsschwankungen

Der Stein galt in vielen früheren Kulturen als Schutzstein gegen Schlangenbisse (lat. serpens = Schlange), Gift und Zauberei; außerdem als Bewahrer der Lebenskraft und Beschützer der Seele vor dunklen Mächten.

(211)

Shivalingam

■ 27. Oktober   ■ 4. Chakra

Er lindert Magen und Darmbeschwerden und wirkt entgiftend bei Leber- und Darmerkrankungen; - hilft, emotionale Blockaden, auch aus der Kindheit, zu lösen

Kultische Bedeutung findet der Stein in Indien und Sri Lanka. Er ist ein dort religiöses Sinnbild der Betrachtung. Shivalingam steht für die Licht- oder Feuersäule.

(212)

Silber

■ 19. März   ■ 2. Chakra

Hat eine kühlende, antibakterielle und desinfizierende Wirkung; fördert die Aufnahme von Nährstoffen im Darm; - lindert Mondsüchtigkeit; fördert die Fantasie

Silber wird seit dem 5. Jahrtausend von Menschen verarbeitet. Neben der Herstellung von Schmuck wird es vielfältig in der Industrie benötigt. Außerdem besitzt es die Eigenschaft, Mikroorganismen abzutöten.

Silizium

■ 9. März   ■ 5.+6. Chakra

Begünstigt das Wachstum des Skeletts; hilft bei Appetitlosigkeit; fördert den Aufbau der Darmschleimhaut nach der Einnahme von Antibiotika; stärkt das Bindegewebe

Schon in der Antike spielten Siliziumverbindungen als Baumaterial eine große Rolle. Das Gewicht der Erdkruste besteht zu ca. 28 Prozent aus Silizium.

Meditationsstein

Smaragd

■ 11. Juli   ■ 4.+7. Chakra

Lindert Augenleiden und wirkt entzündungshemmend und allgemein schmerzstillend; - hilft bei der Trauerbewältigung und gibt Hoffnung; gilt als guter Meditationsstein

Im Altertum wurden Smaragde vorwiegend in Ägypten gefunden und galten dort als Symbol für die weibliche Fruchtbarkeit. Der Name leitet sich vermutlich aus der semitischen Sprache ab und bedeutet »glänzender Stein«.

Sodalith

■ 16. Dezember   ■ 5.-7. Chakra

Hilft bei Heiserkeit und wirkt fiebersenkend;-er löst Gefühlsblockaden, die durch Schuldgefühle entstanden sind und fördert die Wahrheitsliebe.

Sodalith kommt meist in Form von Mischkristallen vor.

Schutzstein

Sonnenstein

■ 13. April   ■ 1.+2. Chakra

Lindert Schmerzen bei Gelenk- und Knochenerkrankungen; hilft bei Asthma; - ist ein Licht bringender Stein, der Melancholie vertreibt und die Lebensfreude fördert

In der Legende nutzt der Sonnengott Helios den Stein für seine Reise vom Morgenland ins Abendland. Er gilt seitdem als Schutzstein der Reisenden.

Heil- und Edelsteine

217

Speckstein

🟥 14. Oktober 🟪 3.+4. Chakra

Lindert Hautausschläge, Ekzeme, Reizungen; lässt Verbrennungen schneller abheilen; hilft bei feuchten Händen, Achselschweiß; - fördert die Kontemplation und die Ruhe

Der Speckstein ist ein extrem weicher Stein, der sich hervorragend für Schnitzarbeiten eignet und als »Ofenstein« die Wärme speichert. Hildegard von Bingen beschreibt ihn als Heilstein.

218

Spinell

🟥 9. Mai 🟪 alle Chakren

Belebt gefühllose und taube Extremitäten; lindert Venenentzündungen; unterstützt die Heilung von Fußpilz und Furunkel; - fördert das Selbstbewusstsein

Der Spinell gilt ebenso wie der Rubin als Erotik- und Liebesstein.

219

Staurolith

🟥 6. Mai 🟪 6. Chakra

Lindert bakterielle und virusbedingte Infektionskrankheiten; - fördert die Klarsicht in Krisensituationen und hilft, notwendige Veränderungen mutig anzugehen

Der »Name« Staurolith leitet sich ab aus dem Griechischen »stauros« für »Kreuz« und »lithos« für »Stein«, was in seinen kreuzförmigen Zeichnungen begründet ist. Er ist ein begehrter Sammlerstein.

220

Steinsalz

🟥 9. Februar 🟪 alle Chakren

Stärkt Haut, Haare und Fingernägel; regt den Kreislauf an; wirkt ausgleichend auf den Mineralhaushalt; - stärkt das Selbstvertrauen; eine Salzkristall-Lampe wirkt beruhigend.

Der Zweitname »Halit« leitet sich aus dem Griechischen »Halas« für »Salz« ab. Dieser Salzstein wird auch in der Medizin verwendet.

(221)

Stromatolith

■ 17. Februar ■ 1.+3. Chakra

Fördert die Darmflora und den Stoffwechsel und wirkt darmreinigend; – wirkt ausgleichend in Konfliktsituationen

Stromatolithen (griech. stroma = Decke und lithos = Stein), gelten als die ältesten Fossilien. Der Begriff wurde 1908 von Ernst Kalkowsky, dem Leiter des Museums für Mineralogie und Geologie in Dresden, eingeführt.

(222)

Sugilith

■ 30. Oktober ■ alle Chakren

Hilft bei motorischen Störungen; schmerzstillend bei Zahnschmerzen; - verbessert die Konzentration bei Legasthenie und ADS; hilft gegen Ängste

Der Sugilith wurde 1944 vom Mineralogen Dr. Kenichi Sugi in Japan entdeckt und nach ihm benannt.

(223)

Tansanit

■ 17. Januar ■ 6. Chakra

Lindert Beschwerden der Sinnesorgane; - stärkt das Gedächtnis und die Konzentrationsfähigkeit; beruhigt bei Angstzuständen und hilft Vertrauen aufzubauen

Der Tansanit, eine Varietät des Zoisit, wurde 1967 im nördlichen Teil Tansanias entdeckt. Er gilt als einer der wertvollsten Schmucksteine.

(224)

Tektit

■ 5. März ■ alle Chakren

Beschleunigt Heilungsprozesse; wirkt entgiftend und heilend bei Infektionskrankheiten; - er fördert die Erkenntnisfähigkeit für die wahren Werte im Leben.

In Thailand werden seit Generationen aus Tektit kleine Figuren geschnitzt. Die Figuren sollen »Böses« fernhalten.

Heil- und Edelsteine

225

Thulit

- ■ 20. Juni   ■ 1.+4. Chakra

Regt die Hormonproduktion an; blutstillende Wirkung z.B. bei Nasenbluten; - hemmt Prüfungsangst und hilft bei Schulstress; gilt als Schutzstein für Kinder

Der Thulit erhielt seinen Namen durch den Mineralogen H.J. Brooke, der den Stein nach der mythischen Insel Thule benannte.

226

Tigerauge

- ■ 3. Dezember   ■ 3.+4. Chakra

Hilft bei hormonellen Störungen; wirkt schmerzstillend bei Rheuma, Arthritis und Rückenschmerzen; - fördert die Willensstärke, die Konzentration, den Optimismus und die Zuversicht

Das Tigerauge ist ein beliebter Schmuck- und Heilstein. In arabischen Ländern galt er als Stein der Männlichkeit und Entschlossenheit.

227

Tigereisen

- ■ 12. April   ■ 1.+3. Chakra

Fördert die Bildung von roten Blutkörperchen; steigert die Sauerstoffversorgung der Zellen; stärkt die Atemwegsorgane; - steigert die Leistungsfähigkeit und das Durchhaltevermögen

Seinen Namen erhielt der Stein wegen seiner Musterung. Die Aborigines haben den Stein für Heilzwecke zu feinem Pulver zermahlen.

228

Topas blau

- ■ 17. Dezember   ■ 5. Chakra

Soll Venenleiden und Krampfadern vorbeugen; unterstützt die Heilung bei Nasennebenhöhlenerkrankungen; - fördert künstlerische Fähigkeiten

Der Stein wurde angeblich erstmals auf der Insel »Topas« im Roten Meer gefunden. Auch Hildegard von Bingen beschreibt den Stein in ihren Werken.

229

Topas – Edeltopas

🟥 11. Oktober 🟪 3.+5. Chakra

Hilft bei Magenbeschwerden und lindert Nebenwirkungen wie Brechreiz, Übelkeit und Sodbrennen; - stärkt die Willenskraft und gilt als Freundschaftsstein

Der Name Topas könnte sich von der Insel »Topazos« im Roten Meer ableiten. Andere Quellen leiten ihn vom Sanskritwort »tapas« ab, das »Leuchten« bedeutet.

230

Topas – Imperialtopas

🟥 1. Juni 🟪 3. Chakra

Regt den Blutdruck an; reguliert die Drüsenfunktionen; wird häufig bei Bulimie verwendet; - wirkt ausgleichend; hilft bei Nervosität oder Erschöpfungszuständen

Schon Hildegard von Bingen erkannte die heilende Wirkung des Topas bei Bronchialerkrankungen.

231

Trilobit

🟥 5. Februar 🟪 3. Chakra

Lindert Kinderkrankheiten wie Mumps, Röteln oder Windpocken; soll vor »Schiefhals« bewahren; - fördert den Gerechtigkeitssinn, das soziales Verhalten und das Selbstbewusstsein

Trilobit leitet sich aus dem Griechischen ab und bedeutet »dreilappig«. Trilobiten gehören zu den wichtigsten Fossilien der Erdgeschichte.

232

Türkis

🟥 11. Februar 🟪 5.+6. Chakra

Lindert Asthma, Halsentzündungen, Reizhusten; entkrampft bei Menstruationsbeschwerden; - hilft, Ängste und Traumen aus der Kindheit bewusst zu machen und zu lösen

Der Türkis wurde schon von den Ägyptern als »Stein der Weisheit« verehrt. In der tibetischen Tradition setzte man ihn als Gebetsund Meditationsstein ein.

Heil- und Edelsteine

Turmalin blau

■ 1. Januar ■ 5.+6. Chakra

Lindert Verspannungen im Nackenbereich; regt die Urinausscheidung an; - fördert die Eigenständigkeit und die Selbstverwirklichung; gilt als Stein für Geschäftsleute

Der Name stammt aus dem Singhalesischen »toramolli« was soviel wie »etwas Kleines aus der Erde« bedeutet. Bei Reibung lädt er sich elektrostatisch auf.

Turmalin braun

■ 29. März ■ 1.+2. Chakra

Hilft bei Hauterkrankungen; lindert Arthritis; fördert die Funktion der Geschlechtsorgane; - stärkt den Familien- und den Gemeinschaftssinn; erhöht die Hilfsbereitschaft

Der Turmalin gilt als »Festigungsstein« für Freundschaft und Liebe. Turmaline zählen zu den begehrtesten Schmuck- und Heilsteinen.

Turmalin grün

■ 22. Oktober ■ 4. Chakra

Wirkt entgiftend und entschlackend und beugt daher Fettsucht vor; hilft bei Leberentzündungen und Blutvergiftung; - gilt als Glücksstein für Geschäftsleute

Der Turmalin lädt sich bei Reibung elektrostatisch auf. Sein Name kommt aus dem Singhalesischen »toramilli«, was soviel bedeutet wie »das Kleine aus der Erde«.

Turmalin rot

■ 9. November ■ 4. Chakra

Verbessert die Durchblutung; wirkt blutreinigend; entgiftet die Leber und aktiviert das Immunsystem; - verhilft zu mehr Energie und Vitalität

Der Turmalin lädt sich bei Reibung elektrostatisch auf. Sein Name kommt aus dem Singhalesischen »toramilli«, was soviel bedeutet wie »das Kleine aus der Erde«.

Turmalin schwarz

■ 18. Januar   ■ 1.+6. Chakra

Kräftigt die Muskulatur des Bewegungsapparates; regt die Durchblutung an; aktiviert den Stoffwechsel; - hilft bei Gedächtnis- und Konzentrationsstörungen

Bei den Ägyptern und Griechen galt der schwarze Turmalin als Stein für Durchhaltevermögen und Selbstvertrauen. Schamanen nutzten ihn, um die Verbindung zu den Göttern herzustellen.

Turmalinquarz

■ 15. Februar   ■ 6. Chakra

Lindert Schmerzen bei Zerrungen, Ischias, Hexenschuss; hilft bei Verdauungsstörungen; - hilft bei Schicksalsschlägen; gibt Kraft und Durchhaltevermögen

Bei den Chinesen wurde der Turmalinquarz als »Stein der Gegensätze« geschätzt. Sie glaubten, dass der Stein die »Yin- und Yang-Eigenschaften« in Körper Geist und Seele harmonisiert.

Turmalin - Wassermelonen-Turmalin

■ 15. Oktober   ■ 2.-4. Chakra

Wirkt bei Erschöpfungszuständen und Zahnfleischentzündungen; - hilft gegen Melancholie und Selbstvorwürfe; fördert Freundschaften und die Wahrheitsliebe

Bereits in der Antike wurden die magnetischen Eigenschaften des Turmalins erkannt, weshalb der Stein als »magisch« verehrt wurde.

Ulexit

■ 22. September   ■ 7. Chakra

Antibakterielle und desinfizierende Wirkung; lindert Augenkrankheiten; hilft bei Übelkeit; - fördert Objektivität und Klarsicht; hilft Entscheidungen zu treffen

Ulexit wurde vom deutschen Chemiker G.L. Ulex 1849 erstmals beschrieben und später nach ihm benannt.

Heil- und Edelsteine

⓶⓸①

Uwarowit

🟥 28. Juli   🟪 1. Chakra

Reguliert den Blutdruck; wirkt fiebersenkend; gilt als potenzfördernd; unterstützt die Zellerneuerung; - hilft bei depressiven Verstimmungen

Der Uwarowit gehört zur Granatfamilie. Im Altertum waren Granate auch als Karfunkelsteine bekannt und als Schmucksteine sehr beliebt.

⓶⓸②

Vanadinit

🟥 17. August   🟪 1.+2.+4. Chakra

Wirkt gegen Blähungen und Aufstoßen; hilft bei Blasenerkrankungen und gegen Arterienverkalkung; - hilft, »Loslassen« zu lernen; gut gegen Erschöpfung

Vanadinit wurde erstmals um 1830 in Mexiko gefunden und beschrieben. Seinen Namen erhielt er wegen seines Vanadiumgehalts.

⓶⓸③

Variscit

🟥 9. April   🟪 3.+4. Chakra

Hilft bei Sodbrennen und gastritischen Beschwerden; wirkt entkrampfend bei Magen- und Bauchschmerzen; - wirkt belebend und hilft, klar und pragmatisch zu denken

Sein Name leitet sich von seinem Fundort im Vogtland ab (lat. Variscia). Im Handel ist er auch als Utalith bekannt.

⓶⓸④

Verdit

🟥 16. November   🟪 2.+4. Chakra

Lindert Schweißbildung besonders an Händen und Füßen; reguliert den Hormonhaushalt; - stärkt das Erinnerungsvermögen und die Konzentrationsfähigkeit

Seinen Namen erhielt der Verdit wegen seiner grünen Farbe. Er gilt als »Stein der Wachsamkeit« und soll in schwierigen Situationen Energie und Mut verleihen.

245

Verst. Mammutbaum

■ 26. Januar   ■ 1.+3.+4. Chakra

Hilft bei empfindlichen Zahnhälsen und
allgemein bei Wetterempfindlichkeit; - wirkt
ausgleichend; schafft in der Wohnung eine
wohlig entspannte Atmosphäre

Der versteinerte Mammutbaum ist ein Über-
bleibsel von prähistorischen Wäldern auf der
Erde.

246

Vesuvian

■ 12. Januar   ■ 3.+5. Chakra

Entschlackende und entgiftende Wirkung;
lindert Allergien; regt den Stoffwechsel und
die Verdauung an; hilft, Ängste abzubauen
und schlechte Gewohnheiten aufzugeben

Der Stein wurde nach seinem Fundort am
Vesuv benannt. Er soll der erste Stein
gewesen sein, den man in Pulverform für
medizinische Zwecke benutzte.

247

Vivianit

■ 28. September   ■ 3.+5. Chakra

Verhindert Übersäuerung; entgiftet und wirkt
entzündungshemmend bei Zahnerkrankun-
gen und Parodontose; - fördert die Aktivität;
hilft, sich Konflikten zu stellen

Vivianit wurde vermutlich schon in der Antike als blauer Farbstoff verwendet. Benannt
wurde er nach dem englischen Mineralogen
John Henry Vivian.

248

Vulkangestein

■ 1. Februar   ■ alle Chakren

Fördert die Durchblutung und regt das
Lymphsystem an; entspannt die Muskulatur;
- sorgt für Ausgeglichenheit, Entspannung
und innere Ruhe

Schon früher wurde Vulkangestein für phy-
siotherapeutische Behandlungen verwendet.
In den 1990er-Jahren entwickelte eine Ame-
rikanerin eine spezielle Therapie mit Vulkan-
steinen.

Heil- und Edelsteine

Vulkanobsidian

■ 14. November　　　■ 4.+5. Chakra

Wirkt entwässernd auf das Bindegewebe; löst Muskelverspannungen; - bringt Verdrängtes ins Bewusstsein; fördert die sanfte Aufarbeitung schwieriger Erlebnisse

Einer Legende zufolge soll ein Römer namens Obsius den Stein in Äthiopien entdeckt haben. Aber vermutlich kannten ihn die Griechen schon unter dem Namen »liparaios«.

Wismut

■ 13. Februar　　　■ 7. Chakra

Desinfizierende Wirkung; unterstützt die schnelle Wundheilung; regt die Verdauung an; - fördert einen unbefangenen Umgang mit anderen Menschen

1526 bezeichnete Paracelsus Wismut erstmals als Metall. Wismut kommt in der Natur nur in geringen Mengen vor.

Stein der Selbstbefreiung

Zebramarmor

■ 7. April　　　■ 1. Chakra

Fördert die Entwicklung des Kindes; stärkt das Immunsystem; regt den Calcium-Stoffwechsel an; entschlackt den Körper; - gilt als Stein der Selbstbefreiung

Marmor leitet sich aus dem Griechischen »marmaros« ab, das »Stein, Fels« bedeutet. Marmor wird außer in der Baubranche als Werkstoff für künstlerische Bearbeitung genutzt.

Zeolith (Blätterzeolith)

■ 25. Juni　　　■ 3.+5.-7. Chakra

Lindert Blähungen; abschwellende Wirkung z.B. bei Mumps; - stärkt die Willenskraft vor allem bei Suchterkrankungen wie Alkoholismus oder Nikotinsucht

Der Zeolith leitet sich aus dem Griechischen ab (zeo = ich siede, lithos = der Stein). Beim Erhitzen braust der Stein auf, was dem Sieden ähnelt, und gibt gebundenes Wasser ab.

(253)

Zinkblende

■ 3. August   ■ alle Chakren

Entzündungshemmend bei eitrigen und offenen Wunden; beschleunigt die Wundheilung; - hilft, mit gravierenden Veränderungen im Leben besser fertig zu werden

Zinkblende oder Sphalerit (griech: sphaleros = trügerisch) erhielt ihren Namen, weil sie wegen ihres metallenen Aussehens oft mit Blei verwechselt wurde.

(254)

Zinnober

■ 3. April   ■ 1. Chakra

Hemmt zu starke Schweißbildung; unterstützt die Heilung von Geschwüren; - lindert innere Unruhe und Nervosität; nur äußerlich anwendbar! GIFTIG!

Zinnober, auch als Cinnabarit bekannt, darf keinesfalls für Heilsteinwasser verwendet werden, da es Quecksilber enthält. Schon früher wurde er als Farbe verwendet.

(255)

Zirkon

■ 1. November   ■ 1.-3.+5. Chakra

Wirkt entkrampfend und schmerzlindernd z.B. bei Menstruationsbeschwerden; - hilft, »verkrustete« Lebensstrukturen aufzubrechen und neue Wege zu gehen

Zirkonsteine sind selten und gelten als sehr energiereich. Hildegard von Bingen beschrieb den Zirkon als elften Grundstein.

(256)

Zuckerdolomit

■ 28. März   ■ 2.+4.+6. Chakra

Lindert Allergien und hilft bei Pilzinfektionen; - sanfter Heilstein; wirkt sehr gut über die Haut und die Sinnesorgane; fördert die Sensibilität und das Einfühlungsvermögen

Schon früher wurde der Dolomit zu feinem Pulver verarbeitet und bei Hautausschlägen und Knochenerkrankungen verwendet.

Pflege und Reinigung

Die Pflege und Reinigung der Steine sind in der Heilsteinkunde von großer Bedeutung.

Grundsätzlich sollte jeder erworbene oder selbst gesammelte Stein physisch gereinigt, d.h. von Fremdmineralien und anhaftenden Substanzen befreit werden. Bei den meisten Steinen erledigt man das durch Abspülen und Abreiben unter lauwarmem, fließendem Wasser; bei unebenen Rohsteinen mittels einer weichen Bürste oder eines Pinsels.

Reinigen auf der Energieebene

Viele Heilsteine laden sich durch direkten Hautkontakt statisch auf wie z.B. Turmaline. Diese Steine sollten nach einer Behandlung oder Anwendung entladen werden. Die statische Ladung kann unter fließendem Wasser abgeleitet werden. Sie sollten den Stein dabei abrubbeln.

Entladen und Regenerieren der Steine in der Erde

Das Vergraben der Steine in der Erde oder in Blumentöpfen zur energetischen Reinigung ist ebenfalls möglich. In der Erde enthaltene Säuren können die Oberfläche empfindlicher Steine aber schädigen. Das Eingraben in trockene Heil- oder Kieselerde vertragen die Steine jedoch gut.

Reinigen auf der Informationsebene

Bei einem neuen Stein können Sie davon ausgehen, dass er durch Abbau, Transport und Verarbeitung bereits viele belastende Erfahrungen gesammelt hat. Um diese Informationen zu löschen, muss der Stein einer besonderen Reinigung unterzogen werden.

Ein therapeutisch eingesetzter Heilstein gibt nicht nur heilende Strahlung ab, sondern nimmt bei jedem Gebrauch auch Informationen auf. Das können Krankheitsinformationen oder emotionale Belastungen des Trägers sein. Nach längerer oder intensiver Anwendung können diese Informationen die Heilinformationen des Steins überlagern. Der Stein wird wirkungslos.

Um all die negativen Informationen zu löschen, gibt es unterschiedliche Verfahren:

Die Amethyst-Druse

Legen Sie Ihren Heilstein in eine Amethyst-Druse. Je dunkler die Amethyst-Druse, desto besser ist ihre reinigende Wirkung. Durch ihre fein verteilten Eisenanteile und die konzentrierte Energie der vielen Kristallspitzen »durchstrahlt« sie die Steine und reinigt sie von allen aufgenommenen Informationen.
In der Regel genügt dafür ein Tag. Sie können den Stein aber auch unbesorgt länger dort liegen lassen. Das reinigen mit der Amethyst-Druse gilt als sanftes Verfahren.

Reinigung mit Meer- oder Steinsalz

Legen Sie Ihren Stein in eine kleine Glasschale. Diese stellen Sie in ein größeres mit Salz (Meersalz oder Himalajasalz) gefülltes Gefäß. (Legen Sie den Stein nie direkt ins Salz, da dies den Stein schädigen kann!) Die Reinigung in Salz ist eine schnelle Methode. Es genügen nach längerem Gebrauch der Steine in der Regel vier bis sechs Stunden. Sie sollten den Stein nicht länger darin liegen lassen, da er sonst an Energie verlieren kann.

Entladen mit Hämatit

Sie können Ihre Heilsteine oder Ketten und Ringe auch in einer Schale mit Hämatit-Trommelsteinen entladen. Nach ca. 30 Minuten ist der Stein energetisch entladen.
Dies bedeutet allerdings auch, dass sie Hämatite nicht mit anderen Steinen zusammen lagern dürfen, da sie diese entladen würden.

Aufladen der Steine

Die Wirkintensität der Heilsteine hängt von ihrer Energie ab. Deshalb sollten gereinigte und entladene Heilsteine vor einer Behandlung oder Anwendung energetisch wieder aufgeladen werden. Die klassische und dabei schonendste Aufladung erfolgt mittels Lichtenergie in Form von Sonnenlicht oder Mondlicht. Dabei sollte für die Aufladung das Licht der Morgen- oder Abendsonne genutzt werden. Die grelle Mittagssonne würde die Steine eher entladen und empfindliche Steine sogar schädigen.

Pflege und Reinigung

Aufladen mit Bergkristall oder Achat

Anstatt mit Sonnenlicht können Sie Steine auch an Bergkristallgruppen aufladen oder statt im Mondlicht mit Achaten. Sonnenlichtverträgliche Steine laden Sie am besten in einer Bergkristallgruppe mit vielen Spitzen auf oder in Bergkristall-Minitrommelsteinen. Einige Stunden genügen, um sie mit neuer Energie zu versorgen. Steine mit einem Härtegrat über 7 sollten sie allerdings grundsätzlich nur in der Sonne aufladen, da hier die Energie des Bergkristalls nicht mehr ausreicht. Das sind z.B. Beryll, Diamant, Rubin, Saphir Smaragd und Topas. Zum Aufladen im Mondlicht können Sie eine Achatdruse verwenden, da der Achat aufgenommene Energie an andere Steine abgeben kann. Lassen Sie entladene und gereinigte Heilsteine für einige Stunden dort ruhen und sich aufladen.

die Steine in einer Glasvitrine anzuordnen, die nicht dem direkten Sonnenlicht ausgesetzt ist. Auf der Fensterbank können manche Steine Schaden nehmen. Bergkristalle könnten zudem wie Linsen wirken und im Extremfall Brandschäden verursachen.

Pflege und Aufbewahrung

Pflege

Für die physische Reinigung sollten Sie bei Rohsteinen und Drusen nur mineralarmes Wasser verwenden. Haushaltsreiniger sollten Sie grundsätzlich vermeiden. Für die regelmäßige Reinigung genügt es, die Rohsteine mit einem Pinsel zu entstauben. Glatte Heilsteine wischen Sie mit einem feuchten Tuch ab.

Aufbewahrung

Schöne Heil- und Edelsteine sind zweifellos ein Blickfang. Es empfiehlt sich,

Therapie mit Heilsteinwasser

Heilsteinwasser und dessen Zubereitung

Unter Heilsteinwasser versteht man ein durch Heilsteine energetisch angereichertes Wasser.

Unser Trinkwasser ist aus medizinischer Sicht meist von guter Qualität. Allerdings hat es auf seinem langen Weg von der Quelle zu uns viele Kilometer metallischer Rohrleitungen durchlaufen und viel von seiner Kraft, seinen Spurenelementen und heilenden Informationen verloren. Mithilfe von Heilsteinen können Sie solches Wasser wieder »aufbereiten«. Sie werden den Unterschied schmecken und das lebendige, frische Wasser genießen. Dabei wird auch systematisch der Körper gestärkt, was jeden Heilungsprozess unterstützt.

Verwandeln Sie Ihr Leitungswasser wieder in energetisch hochwertiges Wasser!

Füllen Sie einen Glaskrug mit stillem Mineralwasser oder Leitungswasser. Wählen Sie Ihre Steine aus und reinigen Sie diese unter fließendem, lauwarmem Wasser. Für einen Liter Heilwasser sollten Sie 3-7 Steine verwenden. Geben Sie die Steine dann in den Glaskrug und lassen Sie ihn über Nacht abgedeckt stehen. Am Morgen können Sie Ihr Heilsteinwasser trinken. Es empfiehlt sich, das erste Glas auf nüchternen Magen zu trinken. Sie können es aber auch mit Säften mischen, als Teewasser

nutzen oder zum Kochen verwenden. Gebrauchte Steine sollten Sie vor der nächsten Zubereitung neu aufladen.

Heilsteinwasser – Grundmischung

Die wesentlichen »Energiespender« für Trinkwasser sind Bergkristall, Amethyst und Rosenquarz. Diese Steine können Sie für jedes Heilsteinwasser verwenden.

Wenn Sie ganz gezielt akute Beschwerden lindern möchten, wählen Sie zunächst die richtigen Edelsteine aus. Achten Sie dabei darauf, dass sich nicht alle Heilsteine zur Herstellung von Heilsteinwasser eignen. (Giftige Steine sind in unserem kleinen Lexikon gekennzeichnet)

Anwendungsmöglichkeiten des Heilsteinwassers:

- in warmen oder kalten Getränken
- Wasser zur Essenszubereitung
- Wasser zur Körperpflege
- Wasser für kalte und heiße Kompressen
- Trinkwasser für Haustiere
- Gießwasser für Pflanzen

Therapie mit

Heilsteine bewirken mit ihren heilenden Schwingungen eine Harmonisierung und somit eine Verbesserung des Wohlbefindens. In den Beschreibungen der einzelnen Heilsteine erklären wir, wie Ihnen die Steine bei körperlichen und psychischen Beschwerden helfen können.

Wie bei vielen Naturheilverfahren sollte die Edelsteintherapie als unterstützende Therapie gelten. Im Krankheitsfall sollten Sie Heilsteine keinesfalls als einzige Therapie anwenden.

Wie wirken die Heilsteine?

Edelsteine wirken auf der geistigen, der seelischen und der körperlichen Ebene. Auf geistiger Ebene beeinflussen sie unser Denken und wirken eingefahrenen und negativen Denkmustern entgegen. Auf der seelischen Ebene wirken sie beruhigend, ausgleichend und harmonisierend; auf der körperlichen Ebene entkrampfend, entzündungshemmend, entwässernd, entschlackend und insgesamt stärkend.

Wie wird die Heilsteintherapie angewandt?

Auflegen

Bei einer Therapie wird der ausgewählte Stein auf die betroffene Körperstelle aufgelegt und dort gegebenenfalls mit einem Pflaster fixiert. Legen oder setzen Sie sich bequem hin, und sorgen Sie für eine ruhige und entspannte Atmosphäre, z.B. mit meditativer Musik, einer Duftlampe, Kerzenlicht etc.

Am Körper tragen oder in der Hosentasche

Unabhängig von Beschwerden können Sie Ihren Stein als Glücksstein am Körper tragen. Diese Anwendung erfolgt meist über mehrere Wochen. Die Steine wirken in dieser Zeit wie ein Filter und beeinflussen positiv Ihre Stimmungslage und somit auch Ihr Verhalten. Sie können den Stein an einem Lederband um den Hals tragen oder in einem Stoffbeutel in der Hosentasche mitführen.

Kopfkissen

Der Stein wirkt dabei gezielt über die Energiezentren des 5., 6. und 7. Chakras, wenn Sie ihn über Nacht unter das Kopfkissen legen.

Heilsteinen

So können über Nacht die heilenden Schwingungen auf Körper und Seele wirken.

Steinkreis

Während einer Meditation oder über Nacht haben die Heilsteine sehr viel Zeit, ihre heilenden Schwingungen auf Körper und Seele wirken zu lassen. Durch den Steinkreis können auch größere Körperregionen die Schwingungen aufnehmen und so den Heilungsprozess fördern. Die Steine werden in einem Abstand von ca. 10-15 cm um Bett, Couch oder Liege gelegt. Sollte Sie ein beklemmendes Gefühl überkommen, legen Sie die Steine etwas weiter weg. Sie fühlen eine innere Ruhe, wenn die Steine ihren richtigen Platz haben. Der Steinkreis beginnt über dem Kronen-Chakra und endet an den Füßen. Es sollten immer 6-7 Steine sein und zwar im Kopf-Schulter-Hüftbereich und an den Fersen.

Farben

Gerade bei psychischen Belastungen, Problemen und Sorgen erzeugen die Farben der Steine eine beruhigende, wohltuende Wirkung. Die kontemplative Betrachtung des Steins während einer Meditation, verbunden mit seinen heilenden Schwingungen erhöht den positiven Effekt.
Setzen Sie sich dabei keinem Erwartungsdruck aus. Lassen Sie alle aufkommenden Gedanken an sich vorbeiziehen.
Unterdrücken Sie keine Gedanken und versuchen Sie nicht sie festzuhalten. Mit der Zeit werden Sie zur inneren Ruhe finden und ein Gefühl des »sanften Fließens« erleben.

Bäder

Ein Voll- oder Teilbad mit Heilsteinen wirkt ähnlich wie der Steinkreis. Die heilenden Schwingungen übertragen sich auf Ihren ganzen Körper. Dabei verwenden Sie 5-7 Steine, die Sie in ein Stoffsäckchen packen oder direkt in die Wanne legen. Baden Sie angenehm warm, aber nicht heiß! – *Denken Sie daran, nach jedem Bad, die Heilsteine zu entladen und wieder aufzuladen.*

Massage mit Ihrem Heilstein

Eine tiefgehende, intensive Entspannung können Sie ebenso durch eine Massage (auch durch die Kleidung) z.B. mit einem Massagegriffel erzielen. Dabei tritt nicht nur der entspannende Massageeffekt ein. Die heilenden Schwingungen des jeweiligen Steins wirken zusätzlich entkrampfend und lösend.

Tipps:

Es hat sich bewährt, von den Steinen, die Ihnen am wichtigsten sind, mindestens zwei zu besitzen. Bei längeren Heilungsprozessen können Sie einen Stein einsetzen, während sie den anderen Stein aufladen.

Achtung: Giftige Steine, wie den Auripigment, sollten Sie nur in einem Stoffbeutel bei sich tragen!

Chakra

Das Wort »Chakra« ist ein Begriff aus dem Sanskrit und bedeutet so viel wie Rad oder Kreis. Damit sind die Energiezentren in unserem Körper gemeint, die sowohl den Körper als auch die Psyche energetisch durchfluten. Man stellt sich die Chakren als eine Art Energiewirbel vor, die sich permanent trichterförmig in kreisenden Bewegungen befinden. Deshalb werden sie lotosblütenförmig dargestellt. Bei Frauen drehen sich die Energiewirbel nach links, bei Männern nach rechts.

Die meisten Lehren gehen davon aus, dass der Mensch über 7 Hauptchakren verfügt. Diese symbolisieren zugleich den menschlichen Entwicklungsprozess. Vom Wurzel-Chakra, dem »ich-bezogenen Kind«, verläuft die Entwicklung zum Kronen-Chakra, dem »weisen Alten«.

Die einzelnen Chakren liegen entlang der Wirbelsäule und sind nach vorne geöffnet. Ausnahmen sind das Wurzelchakra, welches nach unten geöffnet ist und die Verbindung zur Erde symbolisiert, und das Kronenchakra, welches nach oben geöffnet ist und die Verbindung zum Universum und zu den kosmischen Energien herstellt.

Jedes Chakra steht für bestimmte Lebensbereiche und verfügt über eine ihm eigene Schwingungsfrequenz. Über sogenannte Nadis, (das sind feinstoffliche Energiekanäle, die unseren ganzen Körper durchziehen), fließen die Energien zu den einzelnen Organen, den unterschiedlichen Gewebestrukturen und Drüsen. Auf der psychischen Ebene verbinden sie uns mit den entsprechenden Bewusstseinsinhalten. Die Gesamtheit der feinstofflichen Energiekörper bezeichnet man als »Aura«.

So wie die einzelnen Chakren mit den entsprechenden Organen korrespondieren, korrelieren sie auch untereinander mit dem Ziel, ein harmonisches Schwingungsverhältnis zueinander herzustellen. Jedem Chakra sind eine bestimmte Silbe, eine Farbe, ein Element und ein Symbol zugeordnet.
Ziel jeder Chakren-Arbeit ist es, möglichst alle Chakren zu öffnen. Nur im geöffneten Zustand können die Energien ungehindert fließen und der Mensch befindet sich im Zustand des absoluten Gleichgewichts, der inneren Ruhe, der Liebe und einer tiefen, inneren Weisheit.

Das höchste Ziel der Chakren-Arbeit ist die Erweckung der »Kundalini-Kraft«. Sie wird als zusammengerollte Schlange im Wurzel-Chakra dargestellt. Wird diese Kraft geweckt, steigt sie auf durch die einzelnen Chakren bis zum Kronen-Chakra.

Dort vereinigt sie sich mit kosmischen, spirituellen Kräften. Der Mensch empfindet diese Vereinigung als höchstes Glück. Das Aufsteigen der Kundalini-Energie birgt aber auch Gefahren. Körperlich kann es sich in Schmerzen oder Fieberschüben äußern, psychisch in intensiven Visionen oder Verwirrtheit. Deshalb sollte die Erweckung dieser Energie durch intensive Chakra-Arbeit gut vorbereitet und nur unter fachkundiger Anleitung versucht werden.

Chakra-Zentralsteine

Die Praxis hat gezeigt, dass bestimmte Steine besonders gut auf die einzelnen Chakren ansprechen. Diese Steine bezeichnet man als Chakra-Zentralsteine. Sie finden diese Steine bei den einzelnen Chakren aufgeführt.

Grundsätzlich wirkt jeder Heilstein besonders in einer Chakra-Umgebung. Heilsteine, die den einzelnen Chakren zugeordnet sind, unterstützen die Chakra-Zentralsteine und erweitern die Anwendungsmöglichkeiten auf andere Beschwerden oder Krankheiten. Mangelnde Energieversorgung in einem Chakra oder mehreren Chakren geht meist mit körperlichen und/oder psychischen Problemen einher. Gerade bei einer Störung des Energiegleichgewichts oder bei Blockaden unterstützen Heilsteine ganzheitliche Therapien.

Heilsteine sollten Sie nach jeder Anwendung entladen und wieder neu aufladen. Die richtige Steinpflege ist sehr wichtig, da ein Energieaustausch stattfindet. Der Heilstein gibt nicht nur heilende Schwingungen ab, sondern nimmt auch negative Schwingungen auf. Ist der Stein mit solchen Schwingungen »gesättigt«, wird er nicht nur wirkungslos, sondern kann auch schaden, wenn er sie an einer falschen Stelle wieder abgibt.

Die Chakra-Zentralsteine	
	7. Chakra Amethyst, Bergkristall, Diamant
	6. Chakra Lapislazuli, Saphir, Sodalith
	5. Chakra Aquamarin, Chalcedon, Türkis
	4. Chakra Malachit, Smaragd, Turmalin grün
	3. Chakra Bernstein, Citrin, Tigerauge
	2. Chakra Carneol, Mondstein, Sarder
	1. Chakra Granat, Hämatit, Roter Jaspis

Chakra

7 Chakren

7. Chakra (Violett und Gold)
Kronenchakra, Scheitelchakra,
Scheitelzentrum, Sahasrāra (Tausendfache)

6. Chakra (Dunkelblau)
Stirnchakra, Drittes Auge, Inneres Auge,
Stirnzentrum, Ājñā (Wahrnehmende)

5. Chakra (Hellblau)
Halschakra, Kehlchakra, Kommunikations-
zentrum, Viśuddha (Reinigende)

4. Chakra (Rosa und Grün)
Herzchakra, Herzzentrum, Anāhata
(Unbeschädigte)

3. Chakra (Gelb)
Solarplexuschakra, Nabelchakra, Nabel-
zentrum, Milzchakra, Magenchakra,
Manipūra (Leuchtender Juwel)

2. Chakra (Orange und Blaugrün)
Sakralchakra, Sexualchakra, Kreuzzentrum,
Polaritätschakra, Sexualzentrum,
Svādhisthāna (Süße, Liebliche)

1. Chakra (Rot und Schwarz)
Wurzelchakra, Basischakra, Wurzelzentrum,
Basiszentrum, Mūlādhāra (Wurzelstütze)

Diese Farbskala entspricht der Reihenfolge im Regenbogen. Die Aura entsteht
durch den Energieaustausch der einzelnen Chakren untereinander.

Monatssteine

Die Monatssteine entstanden aus dem täglichen Umgang mit den Steinen, beruhen also auf empirischen Erkenntnissen. So entsprechen die Steine einer bestimmten Zeitqualität im Jahreslauf.

Die hier abgebildeten Heil- und Edelsteine wurden dem jeweiligen Sternzeichen zugeordnet.
In unserem großen Heilstein-Lexikon werden die Geburts- und Glückssteine tabellarisch aufgeführt.

Widder
Apachenträne, Carneol, Jaspis rot, Rubin

Stier
Achat rot, Rhodochrosit, Rhodonit, Rosenquarz

Zwillinge
Bernstein, Citrin, Imperialtopas, Moosachat

Krebs
Aventurin, Chrysokoll, Chrysopras, Smaragd

Löwe
Bergkristall, Bronzit, Diamant, Granat

Jungfrau
Baumachat, Buntachat, Citronenchrysopras, Imperialtopas

Waage
Jade grün, Magnesit, Obsidian, Rauchquarz

Skorpion
Andenopal, Carneol, Hämatit, Turmalin rot

Schütze
Chalcedon, Lapislazuli, Saphir, Sodalith

Steinbock
Azurit-Malachit, Malachit, Onyx, Turmalin schwarz

Wassermann
Amazonit, Aquamarin, Falkenauge, Türkis

Fische
Amethyst, Andenopal, Fluorit, Mondstein

Die Heilsteine der heiligen

Hildegard von Bingen war Klosterfrau, Mystikerin, Heilkundige, Musikerin, Dichterin, Philosophin und die wohl bekannteste Frau des Mittelalters.

Sie wurde im Jahre 1098 in Bermersheim bei Alzey als zehntes Kind geboren. Bereits mit acht Jahren trat sie in das Benediktiner-Kloster Disibodenberg ein. Die dortige Magistra lehrte sie Sprachen, Naturwissenschaften und Kunst. Nach deren Tod wurde Hildegard im Alter von 38 Jahren selbst Magistra des Klosters. Seit 1141 hatte Hildegard immer wieder Visionen, die sie mithilfe des Propstes Volmar von Disibodenberg niederschrieb. So entstanden verschiedene theologische und anthropologische Werke. 1147 gab ihr Papst Eugen III. die Erlaubnis, ihre Visionen zu veröffentlichen. Das stärkte auch ihre politische Bedeutung. Darüber hinaus verfasste sie naturheilkundliche Werke wie »Ursachen und Heilungen« und das »Buch über das innere Wesen – Beschaffenheit und Heilkraft der verschiedenen Kreaturen und Pflanzen«. Gegen den Widerstand der Benediktiner gründete sie 1150 das Kloster Rupertsberg bei Bingen, in das allerdings nur Frauen aus adliger Herkunft eintreten konnten. Später gründete sie mit dem Kloster Eibingen noch ein Kloster für Bürgerliche. Hildegard von Bingen starb im Alter von 81 Jahren.

In ihrem vierten Buch »Physica« geht es auch um die medizinischen Eigenschaften von Heilsteinen: »Gott ließ weder das Strahlen noch die Kräfte der Edelsteine vergehen, denn er wollte, dass sie auf Erden geschätzt und gepriesen werden, um als Heilmittel zu dienen.« Hildegard erkannte, dass sich die Schwingungen der Edelsteine auf den Menschen übertragen lassen. Dies funktioniert z.B. über Botenstoffe wie Honig oder Wasser, über die Sinnesorgane, über Heilwasser oder indem man Steinpulver einer Creme untermischt und diese auf die Haut aufträgt.

Auch hinterließ Hildegard nicht nur theologische und philosophische Werke, sondern auch über 70 geistliche Lieder, ethische Schriften wie »Das Buch der Lebensverdienste«, ihre Korrespondenzen mit den Großen und Mächtigen in ganz Europa, einschließlich Papst und Kaiser, und ihre berühmten Natur- und Heilbücher. Mit ihren Ansichten über die Entstehung von Krankheiten und der harmonischen Verbindung von Körper und Seele als Voraussetzung für Gesundheit war sie ihrer Zeit weit voraus. Diese Geisteshaltung ist es, die Hildegard von Bingen auch für die heutige Zeit so aktuell macht. Inzwischen arbeiten Fachwissenschaftler und Gesellschaften weltweit an der Erforschung ihres Nachlasses.

Hildegard von Bingen

Synonym– Übersicht

● So finden Sie ihren Stein auf einen Blick.

In diesem Inhaltsverzeichnis haben wir alle Mehrfachbezeichnungen der Steine aufgenommen. Viele Steine haben Synonyme oder abweichende Handelsbezeichnungen. So ist beispielsweise der Sternachat auch unter dem Namen Australischer Amulettstein oder Turalingam bekannt. Diese Bezeichnungen finden Sie auch in der Übersicht. Die Zahl hinter dem blauen Punkt ist die Seitenzahl. Die Zahl in eckigen Klammern nennt die Nummer des Heilsteins.

Bambuskoralle	[45] ●	17		Butterjade	[66] ●	22
Bandachat	[7] ●	7		Calafatit	[22] ●	11
Baryt	[46] ●	17		Calcit blau	[62] ●	21
Baumachat	[3] ●	6		Calcit grün	[63] ●	21
Baumopal	[169] ●	48		Calcit – Citrinocalcit	[64] ●	21
Baumquarz	[47] ●	17		Calcit rosa	[67] ●	22
Baumstein	[3] ●	6		Calcit weiß	[66] ●	22
Belemnit	[48] ●	17		Calcit – Honigcalcit	[65] ●	22
Berggrün	[75] ●	24		Calcit – Islandspat	[66] ●	22
Bergkristall	[49] ●	18		Calcit – Manganocalcit	[67] ●	22
Bernstein	[50] ●	18		Calcit – Orangencalcit	[68] ●	22
Beryll	[51] ●	18		Carneol	[69] ●	23
Bilderjaspis	[130] ●	38		Chalcedon	[70] ●	23
Biotit	[52] ●	18		Chalcedon rosa	[191] ●	53
Birgit-Achat rot	[13] ●	9		Cappuccino Jaspis	[130] ●	38
Blackstone	[109] ●	33		Charoit	[71] ●	23
Blaue Koralle	[142] ●	41		Chiastolith	[72] ●	23
Blauer Achat	[4] ●	15		Chita	[77] ●	25
Blauer Aventurin	[41] ●	16		Chinesenstein	[73] ●	24
Blauer Calcit	[62] ●	21		Chrysanthemenstein	[73] ●	24
Blauer Goldfluss	[53] ●	19		Chrysoberyll	[74] ●	24
Blauer Topas	[228] ●	62		Chrysokoll	[75] ●	24
Blauer Turmalin	[233] ●	64		Chrysolith	[172] ●	48
Blaufluss	[53] ●	19		Chrysopal	[27] ●	12
Blaustein	[148] ●	42		Chrysopras	[76] ●	24
Blauquarz	[41] ●	16		Chyta	[77] ●	25
Blue Moon	[54] ●	19		Cinnabarit	[254] ●	69
Blutachat	[7] ●	7		Citrin	[78] ●	25
Blutjaspis	[121] ●	36		Citrinocalcit	[64] ●	21
Blutstein	[106] ●	32		Citronenchrysopras	[79] ●	25
Boji-Stones	[55] ●	19		Clinochlor	[209] ●	58
Bornit	[60] ●	20		Coelestin	[80] ●	25
Botswana-Achat	[6] ●	7		Copal	[81] ●	26
Boulderopal	[56] ●	19		Cordierit	[89] ●	28
Brasilianit	[57] ●	20		Covellin	[82] ●	26
Brauner Turmalin	[234] ●	64		Curbeen	[83] ●	26
Braunspat	[92] ●	28		Cyanit	[84] ●	26
Braunstein	[181] ●	51		Cymophan	[74] ●	24
Breckzienjaspis	[58] ●	20		Dalmatinerjaspis	[85] ●	27
Bronzit	[59] ●	20		Dalmatinerstein	[85] ●	27
Budstone	[178] ●	50		Danburit	[86] ●	27
Buntachat	[7] ●	7		Dendritenachat	[8] ●	7
Bunter Hornstein	[100] ●	30		Dendritenquarz	[87] ●	27
Buntkupfer	[60] ●	20		Deutscher Achat	[13] ●	9
Buntkupferkies	[60] ●	20		Diamant	[88] ●	27
Bustamit	[61] ●	21		Diamanttopas	[229] ●	63

Synonym– Übersicht

Synonym– Übersicht

Gesundheitsindex

■ Im Index finden Sie in alphabetischer Reihenfolge mögliche Beschwerden und Krankheitsbilder und die zugehörigen Heilsteine.

Wir möchten ausdrücklich darauf hinweisen, dass die Heilwirkungen der Steine bisher weder wissenschaftlich nachweisbar noch medizinisch anerkannt sind! Alle Aussagen, die im Buch gemacht werden, spiegeln ausschließlich persönliche Erfahrungen und Meinungen von Lesern oder eigene Erfahrungen wider, sind Erkenntnisse der empirischen Heilsteinforschung oder der einschlägigen Literatur entnommen oder entstammen alten Überlieferungen (z.B. der hl. Hildegard von Bingen). Sie stellen keine Anleitung zur Diagnose oder Therapie im wissenschaftlichen Sinne dar.

Die Verwendung von Edelsteinen und Mineralien ersetzen keinesfalls ärztlichen Rat oder medizinische Behandlung!

Gesundheitsindex

Gesundheitsindex

Gesundheitsindex

Gesundheitsindex

Literatur

Michael Gienger
Lexikon der Heilsteine
Saarbrücken, 1996

Elias Wolf
Das Buch der 28 Chakren
Darmstadt, 2006

Aljoscha Schwarz/Ronald Schweppe
Heilende Edelsteine
München, 2002

Shalila Sharamon/Bodo J. Baginski
Das Chakra-Handbuch
Oberstdorf, 1988

Werner Kühni und Walter von Holst
Enzyklopädie der Steinheilkunde
Aarau & München, 2003

Brigitte Hamann
Die zwölf Archetypen
München, 1991

Dieses aufwendig gestaltete Buch stellt über 240 Heilsteine ausführlich vor. Auf jeweils einer Seite wird jeder Stein eingehend beschrieben, seine Heilwirkung auf Körper, Geist und Seele, seine Herkunft und Mythologie, die wichtigsten Fundorte, seine Wirkung auf die Chakren, seine astrologische Zuordnung, die verschiedenen Anwendungsarten der Steine, praktische Anwendungstipps, Reinigung und Pflege, geologische Informationen und vieles mehr.

Des Weiteren sind Geburts- und Glückssteine aufgeführt, die Heilsteine der heiligen Hildegard von Bingen, Wege, wie Sie Ihren persönlichen Stein herausfinden, und wie Sie ganz leicht Heilsteinwasser herstellen können.

Das Buch stellt außerdem die Verbindung zu anderen alternativen Heilmethoden her, um so die Heilwirkung der Steine gegebenenfalls zu verstärken. Es erklärt das indianische Medizinrad, verschiedene Räucherwerke und Duftöle, die Chakren, die Elementelehre, Yin und Yang, Runen, Bachblüten und die Sternzeichen.

Durch die klare, übersichtliche Gestaltung dieses Buches wird es Einsteigern leicht fallen, einen Einblick in die faszinierende Welt der Heilsteine zu bekommen. Auch Kenner werden es bald als gut strukturiertes und übersichtliches Nachschlagewerk schätzen lernen und beim Durchblättern der schönen, durchgängig farbig gestalteten Seiten ihre Freude haben.

Viele weitere spannende Bücher vom

lesen, pflegen, landen

Schirner Verlag

finden Sie unter:
www.schirner.com